本书为 2019 年度教育部人文社会科学研究青年基金项目"新时代高校思想政治教育传播嬗变的理路研究"（项目编号：19YJC710040）的结项成果，由教育部人文社会科学研究青年基金项目资助。

新时代高校
思想政治教育传播研究

RESEARCH ON THE COMMUNICATION OF
IDEOLOGICAL AND POLITICAL EDUCATION
IN UNIVERSITIES IN THE NEW ERA

刘辉 著

社会科学文献出版社
SOCIAL SCIENCES ACADEMIC PRESS (CHINA)

目　录

导　论

在中国共产党的百年发展历程中，思想政治教育充分发挥了"生命线"的重要作用，是党的突出政治优势和优良传统。党的十八大以来，以习近平同志为核心的党中央高度重视思想政治教育优良传统的继承和弘扬，作出了一系列重要论述，为新时代思想政治教育的创新发展提供了根本遵循。2024年9月10日，习近平总书记在全国教育大会上指出，"我们要建成的教育强国，是中国特色社会主义教育强国，应当具有强大的思政引领力、人才竞争力、科技支撑力、民生保障力、社会协同力、国际影响力，为以中国式现代化全面推进强国建设、民族复兴伟业提供有力支撑"[1]。习近平总书记的讲话将"思政引领力"置于"六力"之首，进一步凸显思想政治教育在教育强国建设中具有的强大政治领导力、思想指引力以及价值塑造力。高校作为意识形态工作的前沿阵地，肩负着立德树人的崇高使命，面对新时代各种思想文化交流交融交锋的复杂形势以及媒体格局的深刻变化，迫切需要创新思想政治教育传播方式，做到因时而进、因势而新，不断以思政引领力和传播影响力汇聚团结奋进的磅礴力量，为推进教育强国建设、科技强国建设、人才强国建设作出新的更大贡献。

一　研究缘起与意义

（一）研究缘起

对高校思想政治教育传播问题进行研究不仅具有深刻的时代背景，而

---

[1] 《紧紧围绕立德树人根本任务 朝着建成教育强国战略目标扎实迈进》，《人民日报》2024年9月11日，第1版。

且是高校思想政治教育寻求自身发展的内在要求。

1. 高校思想政治教育传播问题研究是对新时代"两个大局"的深刻把握

党的十八大以来，以习近平同志为核心的党中央以高度的政治自觉和强烈的责任担当，团结带领全党全国各族人民踔厉奋发、勇毅前行，开创了中国特色社会主义新时代。

一方面，中国特色社会主义进入新时代，"意味着近代以来久经磨难的中华民族迎来了从站起来、富起来到强起来的伟大飞跃，迎来了实现中华民族伟大复兴的光明前景；意味着科学社会主义在二十一世纪的中国焕发出强大生机活力，在世界上高高举起了中国特色社会主义伟大旗帜；意味着中国特色社会主义道路、理论、制度、文化不断发展，拓展了发展中国家走向现代化的途径，给世界上那些既希望加快发展又希望保持自身独立性的国家和民族提供了全新选择，为解决人类问题贡献了中国智慧和中国方案"。[①] 可以说，中华民族正以崭新的姿态屹立于世界东方，我们比历史上任何时期都更接近、更有信心和能力去实现中华民族伟大复兴。

另一方面，当今世界正经历百年未有之大变局。"世界多极化、经济全球化深入发展，社会信息化、文化多样化持续推进"[②]，同时"世界经济增长乏力，金融危机阴云不散，发展鸿沟日益突出，兵戎相见时有发生，冷战思维和强权政治阴魂不散，恐怖主义、难民危机、重大传染性疾病、气候变化等非传统安全威胁持续蔓延"。[③] 所以，新时代也是一个挑战层出不穷、风险日益增多的时代，世界之变、时代之变、历史之变正以前所未有的方式展开，特别是不同制度模式和发展道路之间的博弈日益加剧，意识形态领域的斗争错综复杂。

对此，习近平总书记强调："领导干部要胸怀两个大局，一个是中华民族伟大复兴的战略全局，一个是世界百年未有之大变局，这是我们谋划工

---

① 《习近平著作选读》第 2 卷，人民出版社，2023，第 9 页。
② 《习近平外交演讲集》第 2 卷，中央文献出版社，2022，第 16 页。
③ 《习近平外交演讲集》第 2 卷，中央文献出版社，2022，第 16 页。

作的基本出发点。"① 高校思想政治教育作为党的教育事业的重要保证，关系着"培养什么样的人"、"如何培养人"以及"为谁培养人"的根本问题，也必须始终立足"两个大局"，心怀"国之大者"，不断增强机遇意识和风险意识，准确识变、科学应变、主动求变，从而更好地提升社会主义意识形态的凝聚力和引领力，引导大学生增强做中国人的志气、骨气和底气，使他们积极投身新时代中国特色社会主义伟大实践，从而为全面推进中华民族伟大复兴提供有力支撑。

2. 高校思想政治教育传播问题研究是对新时代"传播变革"的深切回应

在新时代，随着社会信息化的不断发展，"媒体格局、舆论生态、受众对象、传播技术都在发生深刻变化，特别是互联网正在媒体领域催发一场前所未有的变革"。②

首先，互联网的跨越式发展使媒介形态不断更新，网站、微博、微信、微视频以及客户端等新兴媒体凭借其传播速度快、时效性高、辐射面广以及互动性强等优势愈加受到广大人民特别是青年的喜爱。中国互联网络信息中心（CNNIC）数据显示，截至 2024 年 12 月，我国网民规模达 11.08 亿人，互联网普及率达 78.6%，而且网民使用手机上网的比例为 99.7%。其中，20—39 岁网民占比为 32.1%。③ 由此可见，互联网已经成为思想文化信息的主要集散地和重要舆论场，而青年更是新媒体的主要用户群体，新媒体已经完全融入青年的日常生活，成为他们获取信息和交流情感的重要渠道。习近平总书记就曾提出："很多人特别是年轻人基本不看主流媒体，大部分信息都从网上获取。"④ 而美国著名心理学家和教育学家霍华德·加德纳（Howard Gardner）等更是认为：当今的青年学生是"App 一代"，他们"不仅沉浸在 App 里，而且把整个世界认为是 App 的组合，把自己的生命看

---

① 《习近平谈治国理政》第 3 卷，外文出版社，2020，第 77 页。
② 《习近平关于网络强国论述摘编》，中央文献出版社，2021，第 66 页。
③ 第 55 次《中国互联网络发展状况统计报告》，中国互联网络信息中心网站，https://cnn-ic.cn/NMediaFile/2025/0428/MAIN17458061595875K4FP1NEUO.pdf，最后访问日期：2025 年 5 月 22 日。
④ 《习近平关于全面深化改革论述摘编》，中央文献出版社，2014，第 83 页。

作是一系列有序 App 的集合，又或者在很多情况下，是一个单一的、延展的、从摇篮到坟墓的超级 App"。① 当下，随着 5G、大数据、云计算、物联网、人工智能等技术的不断发展，新媒体进入加速发展的新阶段，不断引发人们思想观念和生存方式的深刻变化，从而给高校思想政治教育带来了新的机遇和挑战。如何利用新媒体有效开展大学生思想政治教育是我们在新时代迫切需要积极探索的问题。

其次，新媒体的飞速发展不断重塑着传播生态，也积极推动着教育理念、形式、方法不断变革与创新，原本线性单一的灌输式课堂传播模式已经难以满足大学生多样化、个性化、开放化的学习需求，迫切需要高校思想政治教育者根据新媒体的特点精心设计富有吸引力和感染力的内容，积极探索高校思想政治理论课教学传播的新模式。目前，我国已经建成了以学堂在线、智慧树、超星等为代表的 30 多个在线课程平台，使"以学生为主体，以教师为主导，充分发挥学生主动性"的教育理念得到进一步强化，也极大地拓展了学习资源、提升了学生学习的获得感。为了让思政课堂"活"起来，一些高校积极参与思政课慕课建设过程，并对混合式教学模式进行了探索，从而为解决思政课堂氛围沉闷、师生互动缺乏、教学方式单一等难题提供了方法和路径。因此，高校思想政治教育要积极顺应时代发展的要求，推动新媒体技术与教育深度融合，打造更加多元的教学传播模式。

再次，新媒体的广泛运用积累了海量数据，无论是网页浏览记录、QQ聊天记录，还是网络视频观看的时长与次数、话题讨论的关注度与参与度，都是重要的数据来源，带来了大数据浪潮。大数据就是指那些大小已经超出了传统意义上的尺度，一般的软件工具难以捕捉、存储、管理和分析的数据。它并非一个新概念，早在 1997 年，美国宇航局（NASA）的研究人员迈克尔·考克斯（Michael Cox）和戴维·埃尔斯沃思（David Ellsworth）

---

① Howard Gardner and Katie Davis, *The App Generation: How Today's Youth Navigate Identity, Intimacy, and Imagination in a Digital World*（New Haven and London: Yale University Press, 2013）, p. 7.

就用"大数据"来描述 20 世纪 90 年代出现的数据方面的挑战。但是，由于技术条件的限制，这个概念并没有得到足够的重视。近年来，随着信息技术的迅猛发展，数据量呈指数级增长，收集、分析海量数据的能力大为提高，大数据的价值逐渐凸显并成为核心竞争力，从而开启了重大的时代转型。2012 年 3 月，奥巴马政府把大数据视为"未来的石油"，投资 2 亿美元启动"大数据研究和发展计划"，将大数据上升到了国家战略层面。2013 年 10 月，中国工业和信息化部也印发了《信息化发展规划》，指出要完善国家统计基础数据库，推进信息资源共享，满足人们对基础数据的应用需求。2021 年 7 月，工业和信息化部印发了《新型数据中心发展三年行动计划（2021—2023 年）》，要求稳妥有序推进国家新型互联网交换中心建设，促进跨网、跨地区、跨企业数据交互，支撑高频实时交互业务需求。特别是 2025 年 4 月，教育部等九部门联合印发了《关于加快推进教育数字化的意见》，强调要建好国家教育大数据中心，建设跨层级、跨地域、跨部门教育数据共享网络，畅通数据循环；要加强数据集成，打通学校、学生、教师全链条管理信息系统，逐步实现"一数一源"，深挖教育数据富矿，构建大数据赋能教育治理新体系。"大数据时代已经撼动了世界的方方面面，从商业科技到医疗、政府、教育、经济、人文以及社会的其他各个领域。"①

不同于传统数据，大数据具有显著的特征。第一，大容量，拥有全面、完整的数据。这是它区别于小型、单一、孤立传统数据的特征之一。根据 IDC（国际数据公司）的监测统计，早在 2011 年全球数据总量已经达到 1.8 ZB（1 ZB 等于 1 万亿 GB）。随着 5G、AI 技术的快速发展及智能设备的规模应用，中国的数据呈现爆发式增长。在 2024 年 5 月发布的《全国数据资源调查报告（2023）》显示，2023 年中国的全国数据生产总量已达 32.85 ZB，较 2022 年增长 22.44%。② 第二，高速度，即数据产生和更新的速度

① 〔英〕维克托·迈尔-舍恩伯格、〔英〕库克耶：《大数据时代：生活、工作与思维的大变革》，盛杨燕、周涛译，浙江人民出版社，2013，第 15 页。
② 《最新报告出炉！2023 年我国数据生产总量达 32.85 ZB》，中国政府网，https://www.gov.cn/yaowen/liebiao/202405/content_6953440.htm，最后访问日期：2025 年 4 月 25 日。

快、实效性高。第三，多样化，即新的数据来源和新的数据种类不断增加。与传统的数据库不同，大数据来源于多个领域和门类，是一种综合数据，不仅有传统的结构化数据，还包括网站日志数据，以及社交媒体中的文本数据、图片、视频等多种半结构化数据和非结构化数据。第四，单个数据虽价值密度低但价值总量大，即数据之和的价值远大于数据的价值之和。在大数据时代，尽管参差不齐的海量数据共同存在，造成单个数据的价值密度低，但是数据不再被当作静止和陈旧的，而是相互关联、可重复利用的，通过不断的数据分析和处理，其价值必然得到扩充。

预测是大数据的核心价值。它把数学算法运用到海量的数据上，从而达到对事物发生的可能性进行预估的目的。大数据之"大"，并不仅仅在于其产生并传播了海量数据，更多的意义在于提供了大量前瞻性的具有预见性的信息和知识。在大数据时代，人们的活动、决定、社会关系都能够被记录，人类的行为不再被视为互不相关、随意偶然的独立事件，而是相互依存、相互串联的。例如，亚马逊通过收集用户在网站上搜索、浏览、打分、点评而留下的数据痕迹，就可以勾勒出用户的特征与需求，进而开展精准营销，为他们推荐想要的书，捕获用户最佳的购买冲动，提高客户的购买意愿，创造经济价值。再如，医疗机构利用数据实时地监测用户的身体健康状况，教育机构更有针对性地制定用户喜欢的教育培训计划，社交网络为网民提供合适的交友对象，这些都是大数据核心价值的体现。总而言之，对大数据的深度智能分析和信息整合，能够帮助人们找到事物间的关联性，使人们判断事情发生的概率，从而预见事物发展的方向和趋势，以获得"大知识"和"大价值"。

隐性沟通是大数据的实质。对于大数据而言，人是其形成和产生的直接和间接的核心来源，其最终的逻辑指向和服务目标也始终是人。因此，大数据在本质上而言，是人与人之间的隐性沟通，包含数据发送者与接收者之间"给"与"受"的过程，是人与人之间的互动行为。但是这种隐性沟通完全不同于传统的语言、肢体等沟通方式。在大数据时代，隐性沟通是以计算机、网络等硬件为基础的，以数据及其运算为依托的，主要通过信息传递、服务宣传等手段来挖掘用户需求，并迎合用户的心理诉求，最终达到互利双赢效果的新型沟通形式。对于用户在网络上发布内容所产生的数据，或是用户运用鼠标、键盘在网络上留下的数据痕迹，只要进行分析整合，就可以与用户进行一种隐性的对话，预测用户的需求，并推送进一步服务，以不断满足用户的需要。事实上，其中所蕴含的深层沟通逻辑关系并没有改变，但实现方式发生了翻天覆地的变化，不仅能够降低沟通的成本，而且可以提高沟通的效率。因此，高校思想政治教育者迫切需要将新媒体大数据作为观察大学生思想行为的"显微镜"，客观记录学生的信息、精准分析学生的特征、科学预测学生的需要，关注到每个学生的个性差异和不同需求，促进每个教育对象的优势潜能得到充分发挥。

最后，新媒体的异军突起给传统媒体带来巨大的冲击，传统媒体纷纷借此转型，新旧媒体的融合已经是大势所趋。具体来讲，一方面，新媒体的即时性、灵活性、交互性等诸多优点，使传统媒体在信息传播时变得滞后迟缓、生硬死板、单调无趣，传统媒体遭遇权威性降低、引导力不强、受众大量流失等诸多困境。特别是对于在网络世界长大的新一代大学生，报纸、广播、电视等传统媒体对他们吸引力不大。另一方面，对于传统媒体来说，这又是很好的发展机遇，传统媒体只有积极借助新媒体的传播优势，实现理念、内容、形式、方法等多方面的创新，不断深化融合发展，才能使自身的传播能力实现新的飞跃。因此，早在 2013 年 8 月，习近平总书记在全国宣传思想工作会议上就强调："特别是要适应社会信息化持续推进的新情况，加快传统媒体和新兴媒体融合发展。"[1] 2014 年 8 月，中央全面深化改革领导小组第四次会议审议通过了《关于推动传统媒体和新兴媒体融合发展的指导意见》，标志着媒体融合上升为国家战略；2020 年 9 月，中共中央办公厅、国务院办公厅印发了《关于加快推进媒体深度融合发展的意见》，明确要求"推动传统媒体和新兴媒体在体制机制、政策措施、流程管理、人才技术等方面加快融合步伐，尽快建成一批具有强大影

---

① 《习近平关于全面建成小康社会论述摘编》，中央文献出版社，2016，第 106 页。

响力和竞争力的新型主流媒体，逐步构建网上网下一体、内宣外宣联动的主流舆论格局"。① 2022 年 10 月，习近平总书记在党的二十大报告中进一步指出，要"巩固壮大奋进新时代的主流思想舆论""加强全媒体传播体系建设，塑造主流舆论新格局"②，从而为新时代构建传播新格局提供了根本遵循。近年来，传统媒体积极加强互联网思维，树立一体化发展理念，不断推动媒介资源有效整合，从而使"媒介边界"逐渐模糊。例如，人民日报社通过扎实推进媒体深度融合，已经"发展成为拥有报、刊、网、端、微、屏等 10 多种载体，综合覆盖用户超过 13 亿人次的新型主流媒体，不断扩大地域覆盖面、扩大人群覆盖面、扩大内容覆盖面，充分发挥在舆论上的导向作用、旗帜作用、引领作用"。③ 那么，在新的传播环境下，高校思想政治教育适应新媒体智能化、移动化、个性化的趋势，不断推进思想政治教育传播媒介融合发展，已经成为重要的课题和任务。

总之，在新时代，新一轮科技革命和产业变革蓬勃兴起，网络技术日新月异，带来了媒体生态环境和传播格局的深刻变革，新媒体的"新移民"越来越多，传统媒体的"原住民"越来越少，新媒体已经成为宣传思想工作的主阵地、思想政治工作的主渠道和意识形态斗争的主战场，这就迫切需要高校思想政治教育者积极推动思想政治教育工作传统优势与信息技术高度融合，重视传播手段的建设与创新，努力建设结构合理、差异发展、协同高效的全媒体传播体系，以成功抢占信息传播制高点。

3. 高校思想政治教育传播问题研究是对新时代"学科发展"的深入思考

综合性是思想政治教育学科的显著特征。自学科创设之日起，思想政治教育除了以马克思主义理论为指导外，还综合吸收和借鉴了教育学、心理学、政治学、伦理学等人文社会科学的理论知识与研究方法，这是由思想政治教育实践活动的多样性和复杂性所决定的。而随着世界范围内各种

---

① 《加快推进媒体深度融合发展》，《人民日报》2020 年 9 月 27 日，第 1 版。
② 习近平：《高举中国特色社会主义伟大旗帜　为全面建设社会主义现代化国家而团结奋斗——在中国共产党第二十次全国代表大会上的报告》，人民出版社，2022，第 43~44 页。
③ 吴齐强、颜珂、申智林等：《融合十年 笃行致远——2023 中国新媒体大会综述》，《人民日报》2023 年 7 月 15 日，第 4 版。

思想文化的交流交融交锋愈加频繁、新媒体的发展愈加迅猛，传播学与思想政治教育的联系也愈发紧密。很多理论和方法在思想政治教育研究中具有广阔的应用前景，能够为思想政治教育的研究提供不同的观察视角和理论框架，也使得思想政治教育学与传播学的交叉研究成为当代思想政治教育理论研究的一个重要前沿和趋势。例如，传播学中的"把关人理论"，突出强调了传播者对信息进行选择、过滤和加工的关键作用，有助于我们筛选虚假信息，坚决地与西方各种错误社会思潮进行正面、直接、有效的较量，从而推动公正、客观、可信信息的传播，唱响主旋律；再如"媒介理论"提出了"媒介即讯息""媒介是人的延伸"等重要观点，强调了媒介技术的社会历史作用，有助于推动我们去创新思想政治教育的载体，从而牢牢掌握高校意识形态工作的领导权、主动权和话语权，提升社会主义核心价值观的引导力和影响力。因此，我们迫切需要借鉴传播学的相关理论和方法去推进学科发展。同时，思想政治教育学科也只有充分借鉴其他学科的丰富知识，才能更具生命力，才能真正得到发展，因为"思想政治教育学综合性赋予了思想政治教育学科知识以开放性的品格，它意味着思想政治教育学科知识并不单一、封闭，而是在开放性的知识语境中完成学科创设、借鉴创新。这一特征也为思想政治教育与其他学科展开对话奠定了基础"。[①]

　　思想政治教育过程与传播的过程具有内在的关联性。众所周知，思想政治教育过程是"教育者根据一定社会的思想品德要求和受教育者思想品德形成发展的规律，对受教育者进行有目的、有计划、有组织的引导，促使受教育者产生内在的思想矛盾运动，以形成和提高其思想政治素质的过程"。[②] 因此，教育者和受教育者是思想政治教育过程的基本要素，构成思想政治教育的主要关系；与此同时，教育者与受教育者在进行思想交流和情感沟通的时候，一定会借助目标、内容、载体等中介因素，否则思想政

---

①　叶方兴：《论思想政治教育学的综合性及其学科效应》，《思想教育研究》2021 年第 11 期。

②　《思想政治教育学原理》编写组编《思想政治教育学原理》，高等教育出版社，2016，第 145 页。

治教育过程无法展开。所以，教育者、受教育者、教育目的、教育内容、教育载体是思想政治教育过程的基本构成。在传播学中，"传播是人类通过符号和媒介交流信息、以期发生相应变化的活动"。① 美国传播学家拉斯韦尔在其《社会传播的结构与功能》一文中明确提出了"5W 模式"来描述传播过程，即谁（who）、说什么（says what）、通过什么渠道（in which channel）、对谁（to whom）、取得什么效果（with what effect），对应的分别是传播过程的五大要素，即传播者、传播内容、大众媒介、受众以及传播效果。由此可见，思想政治教育过程与传播过程具有天然的一致性，从传播学的视角看，思想政治教育实质上是一种特定的信息传播活动。我们通过借鉴和吸收传播学的相关理论，可以更多层次、多角度地分析思想政治教育过程，从而增强高校思想政治教育的实效性，推动思想政治教育学科高质量发展。

综上所述，新时代是一个机遇和挑战并存的时代，高校思想政治教育"只有聆听时代的声音，回应时代的呼唤，认真研究解决重大而紧迫的问题，才能真正把握住历史脉络、找到发展规律，推动理论创新"。② 而研究高校思想政治教育传播问题正是满足了新时代社会变革和学科发展的迫切需要，有着重要的理论意义和实践价值。

（二）研究意义

1. 有助于丰富学科内涵，促进思想政治教育学科体系的完善

20 世纪 80 年代初，为了满足我国改革开放的新形势以及思想政治教育人才培养的迫切需求，思想政治教育学科应运而生。在发展历程中，思想政治教育学科始终坚持"以我为主，为我所用"的理念，充分汲取了教育学、政治学、伦理学、接受学等多个学科的养分，从而构建起思想政治教育学科基础理论研究的"四梁八柱"。例如，与教育学的交叉研究直接促生了思想政治教育过程、结构等一般原理及方法论；与政治学的交叉研究奠

---

① 邵培仁：《传播学》（第三版），高等教育出版社，2015，第 58 页。
② 习近平：《在哲学社会科学工作座谈会上的讲话》，人民出版社，2016，第 14 页。

定了思想政治教育的核心范畴和内容本质；与伦理学的交叉研究提升了思想政治教育中道德教育的学理深度；与接受学的交叉研究促使思想政治教育理论建构由"教育者关注"向"教育对象关注"转变。① 可以说，思想政治教育学科发展史，也是思想政治教育学科交叉研究史，"交叉性是思想政治教育学的内在学科属性"②，不断推动着思想政治教育学科的科学化建设与学科化发展。而随着信息化社会的深入发展和传播格局的深刻变革，思想政治教育与传播学的交叉研究逐步得到重视，一些学者围绕思想政治教育的传播媒介、模式以及效度等问题进行了初步探索，从而开阔了研究视野。有学者指出："思想政治教育与传播的交叉研究，并不是人为的撮合，一方面它是人文社会科学中各个学科开放与交叉趋势的必然要求，反映着社会系统与学科系统的交互渗透；另一方面它又是思想政治教育学科自身发展的必然路径，是思想政治教育学科属性与社会进步功能耦合的自然要求，并最终将思想政治教育研究的发展推向一个更高更新的阶段。"③ 还有学者指出："思想政治教育传播学定位于以思想政治教育活动为研究对象，运用新的学科的方法来研究思想政治教育，应是思想政治教育基础研究分支学科。"④ 因此，研究高校思想政治教育传播问题，是在遵循学科发展既高度分化又高度综合的普遍趋势下进行的，不仅加强了主干学科的建设，而且推动了分支学科的发展。在新时代，"新一轮科技革命和产业变革突飞猛进，科学研究范式正在发生深刻变革，学科交叉融合不断发展，科学技术和经济社会发展加速渗透融合"⑤，迫切需要思想政治教育工作者进一步提升与传播学交叉融合的自主性，以不断丰富学科内涵，获得思想政治教育学科发展的新的生长点，提升思想政治教育学科的科学化水平。

---

① 杨增崇：《思想政治教育学科交叉研究的历史回溯》，《学术论坛》2020 年第 5 期。
② 宇文利：《论思想政治教育学的交叉性》，《思想理论教育导刊》2009 年第 8 期。
③ 段海超、元林、王刚：《论思想政治教育与传播的融合——对思想政治教育学科发展的一点思考》，《北京交通大学学报》（社会科学版）2007 年第 4 期。
④ 张耀灿：《思想政治教育学科理论体系发展创新探析》，《学校党建与思想教育》2007 年第 5 期。
⑤ 习近平：《在中国科学院第二十次院士大会、中国工程院第十五次院士大会、中国科协第十次全国代表大会上的讲话》，《人民日报》2021 年 5 月 29 日，第 2 版。

2. 有助于占领信息传播制高点，牢牢掌握意识形态工作的主动权和话语权

当今时代，全球信息化已经进入全面渗透、加速创新的发展阶段，信息传播力也已经成为国家软实力和竞争力的重要标志之一。谁的传播手段越先进、传播能力越强大，谁的文化理念和价值观念就越能广为流传，谁就越能掌握信息主导权以及意识形态工作的主动权。目前，中国综合国力不断增强、国际地位不断提高、国际话语权逐步提升，一些西方敌对势力不愿意看到中国崛起，总是千方百计地对我国发展进行牵制和遏制，并且不遗余力地凭借其媒体优势和话语霸权对我国进行意识形态渗透，"抹黑、丑化、妖魔化中国可谓无所不用其极"①。例如，有的人在微博、微信、推特、脸谱等新媒体上大肆宣扬"普世价值"，极力炒作"中国威胁论""中国崩溃论""马克思主义过时论"等话题；有的人则打着学术争鸣和理论探讨的旗号，在网络空间公然传播历史虚无主义等错误思潮，丑化党的领袖，戏说人民英雄，其目的就在于扰乱人心、破坏中国社会政治稳定、动摇党的执政根基。因此，在意识形态领域斗争上，我们没有任何妥协、退让的余地。"宣传思想阵地，我们不去占领，人家就会去占领。"② 高校作为意识形态工作的重要领域，一直肩负着重要使命，但也成为西方敌对势力进行意识形态渗透的主要目标和重要场所。若高校的思想舆论阵地被突破，其他防线就很难守得住。因而，研究高校思想政治教育传播问题就显得尤为重要了，具有突出的现实意义。一是有利于创新传播内容、提升传播效能，从而增强社会主义意识形态的凝聚力和引领力；二是有助于提升"阵地意识"，争夺舆论引导主动权；三是有助于捍卫国家意识形态安全，并逐步改变"西强东弱"的舆论格局和"失语就要挨骂"的舆论环境。

3. 有助于增强工作实效，解决高校思想政治教育传播困境和难题

良好的效果既是思想政治教育研究的出发点，也是高校思想政治教育传播活动开展的目标和价值所在，关系着思想政治教育的生命力。从总体

---

① 《习近平著作选读》第1卷，人民出版社，2023，第454页。
② 《习近平关于社会主义精神文明建设论述摘编》，中央文献出版社，2022，第67页。

上看，我国高校思想政治教育者在党中央的坚强领导下，始终坚持正确的政治方向和舆论导向，在培育有理想、敢担当、能吃苦、肯奋斗的时代新人方面发挥重要作用，是党的创新理论的积极宣讲者和用党的意识形态引导社会思潮的可靠"排头兵"。但是，面对纷繁复杂的信息传播环境，高校思想政治教育者面临多重困境和多个难题。例如，新媒体的崛起赋予了教育对象更为丰富的信息渠道，使其能够根据自己的兴趣爱好进行信息的选择、活动的参与以及意见的表达，使其拥有了一定的话语权，但也影响了思想政治教育者在信息上的垄断地位，弱化了其"把关人"的角色和权力，容易带来传播的盲目性。同时，在大数据时代，海量信息每天都在不断产生，但是内容五花八门、质量参差不齐，特别是其中的一些垃圾信息、虚假信息、不良信息更是对大学生的身心健康带来了消极影响。那么，针对这些问题，本书将认真考察高校思想政治教育传播的历史及其各要素在新时代中发生的变革，努力将传播学的新思维、新技术和新方法应用于新时代高校思想政治教育实践活动，并积极探索有利于破解难题的重要举措和办法，从而有效提升高校思想政治教育传播的引导力、说服力和感染力。

二　研究现状与评析

（一）研究现状

当今时代，以信息技术为核心的新一轮科技革命正在兴起，不仅推动新质生产力的变革，而且带来新兴媒体的迭代升级以及舆论传播格局的演变，极大地改变着人们的生活方式和思维方式，从而使高校思想政治教育面临新形势和新挑战。因此，如何运用传播学理论推动思想政治教育传统优势同信息技术高度融合成为学界研究的前沿问题，一些代表性成果陆续呈现出来。

1. 国内研究现状

在学术著作方面，据不完全统计，以"思想政治教育传播"为主题的著作大致有 20 部。2005 年，欧阳林出版的《思想政治教育传播学》是国内最早对思想政治教育传播问题展开研究的专著，系统阐述了思想政治教育传播的含义、特征与构成，对思想政治教育传播过程、传播类型、传播内容、传播受众、传播效果以及传播活动与实践等问题进行了深入研究。书中指出，"把传播理论和技术的应用作为推进现代思想政治教育发展的一种管理思想、运行机制和有效方法，已经成为当前思想政治教育实现自身现代化发展的新的理论视角和重要途径"①。2011 年，元林出版了《思想政治教育体系中的网络传播研究》，书中深入探析了思想政治教育网络传播的地位和作用、网络传播者的特殊性及其把关作用、网络传播的受众、网络传播过程及其管理、网络传播的反馈机制、网络传播的效果理论以及网络文化环境建设等多个问题，试图构建起思想政治教育网络传播学的框架体系。

此后，学者们出版了《传播理论与大学生思想政治教育有效接受研究》②《大众传播的思想政治教育价值研究》③《传播学在高校思想政治教育工作中的应用与研究》④《全媒体传播环境与高校思想政治教育》⑤《大众传媒环境下大学生思想政治教育传播有效性研究》⑥《新媒体与高校思想政治教育传播研究》⑦《大学生思想政治教育传播有效性研究》⑧《新媒体传播与大学生思想政治教育及其途径创新》⑨《思想政治教育视域下校园社交网络传播圈研究》⑩《高校思想政治教育话语传播研究》⑪《新媒体时代思想政治

---

① 欧阳林：《思想政治教育传播学》，北京交通大学出版社，2005，第 1 页。
② 张雷：《传播理论与大学生思想政治教育有效接受研究》，浙江大学出版社，2015。
③ 孙佩锋：《大众传播的思想政治教育价值研究》，吉林大学出版社，2015。
④ 黄瑞新、康乐、赵婷：《传播学在高校思想政治教育工作中的应用与研究》，电子科技大学出版社，2018。
⑤ 秦世成：《全媒体传播环境与高校思想政治教育》，首都师范大学出版社，2018。
⑥ 杨春英：《大众传媒环境下大学生思想政治教育传播有效性研究》，黑龙江教育出版社，2018。
⑦ 刘强：《新媒体与高校思想政治教育传播研究》，人民出版社，2019。
⑧ 任艳妮：《大学生思想政治教育传播有效性研究》，中国社会科学出版社，2019。
⑨ 李振委、景熹：《新媒体传播与大学生思想政治教育及其途径创新》，西南交通大学出版社，2020。
⑩ 张瑜：《思想政治教育视域下校园社交网络传播圈研究》，清华大学出版社，2020。
⑪ 张翼：《高校思想政治教育话语传播研究》，吉林大学出版社，2020。

教育传播学创新研究》①《思想政治教育网络传播研究》②《思想政治教育传播——一个参与治理的视角》③《新媒体"轻传播"环境下大学生思想政治教育有效性研究》④ 等著作，从不同视角推进了思想政治教育与传播学的交叉融合，有助于深化人们对思想政治教育传播过程的理解，使思想政治教育学科发展获得新的生长点。同时，其他一些思想政治教育学的相关著作，虽然在标题上未含有"传播"这一关键词，但其内容在不同程度上论及了思想政治教育的传播问题，相关著作如《高校网络思想政治教育的实效性研究》⑤《大学生思想政治教育新论》⑥《多维视域的大众传媒》⑦《大学生思想政治教育范式转换研究》⑧《思想政治教育新论》⑨ 等，也为今天的研究提供了有益启发。

在学术论文方面，学者们主要围绕"传播理论在思想政治教育中的应用"、"思想政治教育传播过程及其模式"以及"新时代高校思想政治教育传播的走向与思路"等相关问题展开研究，取得了丰硕成果。其中，刘建华最早于1989年在论文中探析了大众传播媒介的作用及其在思想政治教育中的运用，并强调思想政治工作者要"借助媒介作用，当好'意见领袖'"⑩，这为其他学者进一步研究该问题奠定了基础。

第一，传播理论在思想政治教育中的应用问题。目前，传播学中的受众理论、把关人理论、议程设置理论、媒介理论、话语表达理论等已被积极地引入思想政治教育研究，以期提升思想政治教育活动的效果。

① 孙永鲁：《新媒体时代思想政治教育传播学创新研究》，新华出版社，2021。
② 郭鹏：《思想政治教育网络传播研究》，武汉大学出版社，2022。
③ 吴凯：《思想政治教育传播——一个参与治理的视角》，九州出版社，2023。
④ 周光玲：《新媒体"轻传播"环境下大学生思想政治教育有效性研究》，中南大学出版社，2024。
⑤ 徐绍华：《高校网络思想政治教育的实效性研究》，云南民族出版社，2006。
⑥ 陈福生、方益权、牟德刚等：《大学生思想政治教育新论》，浙江大学出版社，2008。
⑦ 冯宋彻主编《多维视域的大众传媒》，中国传媒大学出版社，2009。
⑧ 燕连福：《大学生思想政治教育范式转换研究》，光明日报出版社，2013。
⑨ 孙迎光：《思想政治教育新论》，生活·读书·新知三联书店，2014。
⑩ 刘建华：《大众传播媒介与思想政治教育》，《淮南师专学报》（哲学社会科学版）1989年第3期。

在受众理论的应用方面，学者们主要对思想政治教育受众的思想行为特征进行了研究。例如，黄月细通过对比分析发现，思想政治教育传播受众较一般传播受众具有明显的独特性，其思想发展过程呈现反复易变等特点，因而需要"重视受众的心理自由"，"掌握影响受众选择和接受的信息因素"① 来提高思想政治教育传播的效果。陈博则重点对思想政治教育传播受众逆反心理的形成原因和调适路径展开了研究，并建议从"完善思想政治教育传播者的素质结构""丰富思想政治教育传播的内容""净化思想政治教育传播的社会环境"② 三个方面来消除受众的逆反心理。此外，段海超、元林认为研究受众接受动机是提升思想政治教育网络传播效果的关键，思想政治教育工作者需要在深刻认识"思想政治教育的受众具有求知、交流、宣泄、求实和自我实现的动机"的基础上，通过"尊重受众的知情权，增强互动设置，提供适当的宣泄平台，加强网站的服务性功能，提供可供受众发挥创造力的平台"③ 来有的放矢地开展思想政治教育工作。

在把关人理论的应用方面，学者们深入研究了思想政治教育者的"把关"行为及其在思想政治教育信息网络传播过程中的解构与重塑。其中，张丽芳等指出，在高校思想政治教育信息传播的过程中，思想政治教育工作者充当了"把关人"的角色，主要完成信息接收、把关、传播三个过程，因此，"坚定的思想政治素养、高尚的文化道德素养、专业的知识技能素养、积极的探索创新素养是思想政治教育工作人员必备的职业素养"。④ 端学红、元林则进一步指出："思想政治教育网络传播'把关'除了可以对信息本身进行过滤和筛选之外，还可以通过利用'把关'适应受众选择接受的特征，营造良好的网络传播环境和氛围，不断提高思想政治教育网络传播的正效果，从而使思想政治教育网络传播'把关'对策在目标和内容上

① 黄月细：《思想政治教育传播中的受众问题探讨》，《北京青年政治学院学报》2000年第3期。

② 陈博：《思想政治教育传播受众逆反心理分析》，《求实》2005年第S2期。

③ 段海超、元林：《思想政治教育网络传播受众动机特征及对策分析》，《北京工业大学学报》（社会科学版）2010年第2期。

④ 张丽芳、曹秀芬、李岳：《"把关人"理论视角下的高校思想政治教育者的职业素养》，《河北农业大学学报》（农林教育版）2012年第4期。

都发生一定的扩展和迁移。"① 当前，随着信息技术的发展，信息交互日益数字化、虚拟化与共享化，黄金艳等则提出要更新"把关"机制以提高教育教学的内容质量，要重构"把关"模式以营造健康的教育环境，从而推动思想政治教育信息传播工作有序开展。②

在议程设置理论的应用方面，学者们重点探讨了议程设置理论在思想政治教育中的重要价值及创新应用。岳金霞认为："正确引导和充分发挥网络媒介的议程设置功能是优化思想政治教育虚拟环境的关键环节。"③ 李彦峰等则指出，在思想政治教育传播中应用议程设置理论，有助于提高思想政治教育的导向性、可控性和有效性，可以"通过选择议题、强调议题、构造议题、突出议题四个步骤，完成整个议程设置的整个过程"。④ 在新时代，随着网络议程设置和生产周期的大为缩短，AI、VR、AR 等可视化、可触摸的新技术新手段的日新月异，曹杰认为议程设置也需要与时俱进，应该"引入大数据技术思维，建立不同舆论场仿真数据模型，创新设置网络议题话语和符号表达形式，实时、立体、可视化呈现和检验议程设置的全过程实施效果"⑤，从而让大学生接收到的网络议题更加智能化、精准化。

在媒介理论的应用方面，学者们主要围绕思想政治教育传播媒介的形态、特性及效果进行了研究。周琪指出："口传媒介、文字媒介和图像媒介分别催生思想政治教育的不同实践方式。伴随信息技术革命，大众媒介呈现全程媒体、全息媒体、全员媒体、全效媒体等新形态，需要运用媒介融合推动思想政治教育话语发展，讲好中国故事。"⑥ 王芸婷也指出，在新时

① 端学红、元林：《论思想政治教育网络传播"把关"的特殊意义与对策》，《北京交通大学学报》（社会科学版）2010 年第 2 期。
② 黄金艳、付治淋：《互联网时代"把关"在思想政治教育信息传播过程中的解构与重塑》，《山西高等学校社会科学学报》2023 年第 9 期。
③ 岳金霞：《网络议程设置与思想政治教育虚拟环境优化》，《中国青年政治学院学报》2009 年第 4 期。
④ 李彦峰、盖小丽：《"议程设置理论"在思想政治教育中的应用》，《中国成人教育》2010 年第 12 期。
⑤ 曹杰：《新时代大学生网络思想政治教育议程设置创新研究》，《思想理论教育导刊》2020 年第 6 期。
⑥ 周琪：《大众媒介与思想政治教育实践方式演进》，《思想理论教育导刊》2020 年第 7 期。

代，传播媒介急剧变革，"融合化显著提升、智能化加速推进、互联化持续增强、沉浸感更趋强化"① 成为新态势，这不仅给思想政治教育创新发展创造了新机遇，也带来了新挑战。在机遇方面，有学者认为"创造了思想政治教育多维展现空间，加深了受众与思想政治教育传播主体的对话体验"②；在挑战方面，则主要体现为"思想政治教育工作中主客体关系的疏离化、主流价值传播的轻质化以及话语引导机制的边缘化等新问题"，因而要"探索新的基于媒介化建构的思想政治教育模式，从空间体系、引导体系、形象体系三个方面创新思想政治教育媒介化建构的实践路径"。③ 此外，有学者提出要重视思想政治教育媒介生态的构建，要"以'道'御'术'，引领好媒介生态的发展方向；以'主'带'次'，掌握好媒介生态的话语权力；以'多'辅'一'，凝聚好媒介生态发展合力"④，从而推动思想政治教育媒介生态深入发展，提升思想政治教育的时效性、感召力和亲和力。总之，我们要重视传播媒介在思想政治教育中的重大价值。因为"传播媒介、意识形态与思想政治教育同具党性、人民性与阶级性，三者具有通约性"，而"中国共产党领导下的传播媒介的政治倾向性更加鲜明，文化教育和思想引导的杠杆作用也更加明确"。⑤

在话语表达理论的应用方面，学者们围绕思想政治教育话语的内涵、形态、特征、历史及创新发展进行了积极探索。陈圣军认为，研究思想政治教育话语表达"既是化解思想政治教育话语困境的现实需要，也是满足新时代大学生对话语表达创新诉求的应然之举，更是应对西方错误社会思潮话语的诘难与挑战的应有之义"。⑥ 一方面，思想政治教育面临"话语渗

---

① 王芸婷：《新时代传播媒介变革视野中的思想政治教育创新》，《文化软实力》2024 年第 2 期。
② 李洪岩、钟宏程：《媒介深度融合境遇下思想政治教育有效传播的实践路径》，《吉林教育》2024 年第 5 期。
③ 富旭、侯劭勋：《大学生思想政治教育媒介化建构论析——基于对"00 后"大学生思想政治教育新问题的探讨》，《思想理论教育》2019 年第 3 期。
④ 管笑笑：《思想政治教育媒介生态的内涵、生成与优化研究》，《现代教育科学》2024 年第 1 期。
⑤ 张北坪、崔靖坤：《传播媒介对思想政治教育的价值分析》，《教学与研究》2015 年第 12 期。
⑥ 陈圣军：《思想政治教育话语表达研究的出场、回溯与前瞻》，《西南石油大学学报》（社会科学版）2025 年第 1 期。

透、圈层分化、资本运作、技术风险和全球治理等挑战"①；另一方面，青年学生话语"呈现语言符号形象化、内容表达个性化、意义预设世俗化、话语主体圈层化的典型特征"②，迫切需要不断提高话语的传播力、感染力和影响力，提升思想政治教育话语权。马忠建议，话语权的建设可以从"树立系统观念，优化知识生产，增强叙事能力，推进技术赋能"③ 四个方面进行。周琪则在梳理思想政治教育话语多年发展进程的基础上提出，新时代思想政治教育话语要"在思想政治教育学科、社会建设主题、人的发展中创新，这既是建设思想政治教育学科自主知识体系和话语体系之需，又能提高思想政治教育有效性"。④

第二，思想政治教育传播过程及模式。恩格斯曾指出："世界不是既成事物的集合体，而是过程的集合体，其中各个似乎稳定的事物同它们在我们头脑中的思想映象即概念一样都处在生成和灭亡的不断变化中。"⑤ 因此，无论是人的实践活动还是认识活动，都表现为一个个具体的过程，思想政治教育传播也不例外。对思想政治教育传播的过程及模式进行研究，有助于科学揭示规律，从而提升传播的有效性。

在思想政治教育传播过程方面，学者们主要围绕过程的构成要素及主要环节进行了研究。从总体上看，学者们的观点存在"三要素""五要素""六要素""七要素""八要素"之说以及"三环节""四环节""七环节"之别。例如，岳金霞指出，思想政治教育作为一种信息的传播活动，具备一般传播过程中所具有的信源、信息和信宿三个最基本的构成要素以及信息采集加工、传递、接受反馈三个基本环节，但不同于一般的信息传播过程，思想政治教育传播过程的要素往往呈现信源的不固定性、信宿的固定性、信息内容的丰富性和传播方式的多样性等多方面的特征，而且传播过

① 梁明伟：《数智时代网络思想政治教育话语权提升探析》，《思想教育研究》2025 年第 2 期。
② 张新奎、侯远宝：《数智时代高校思想政治教育的话语境遇与调适》，《中国大学教学》2025 年第 Z1 期。
③ 马忠：《思想政治教育话语环境的时代变迁研究》，《思想教育研究》2024 年第 9 期。
④ 周琪：《思想政治教育四十年话语回溯与展望》，《湖南社会科学》2024 年第 3 期。
⑤ 《马克思恩格斯文集》第 4 卷，人民出版社，2009，第 298 页。

程具有明显的目的性、互动性以及开放性。① 刘雷等则提出"思想政治教育传播过程由传播者、受传者、传播内容、媒介和反馈五个要素有机构成。根据这五个构成要素可将思想政治教育传播过程概括成四个基本环节,即信息的选择、信息的传递、信息的接收以及信息的反馈"。② 此外,元林认为思想政治教育传播过程由教育者(传者)、受教育者(受众)、传播内容、传播渠道、传播媒介和传播环境6个要素构成。③ 张晓波认为思想政治教育传播的过程由教育者(传者)、信息、通道、受教育者(受者)、反馈、障碍和环境这7个要素构成,并强调这些构成因素都是动态性的变量,这些变量的组合随时会因其中一些因素的变化而呈现复杂多样的方式。④ 李梁认为思想政治教育传播过程中有信息源、教育者、讯息、信息媒介、受教育者、反馈、环境和效果等8个要素以及信息传递、信息接受和信息反馈3个环节。⑤ 黄世虎认为思想政治教育传播过程包括思想信息发出和思想信息接受两个阶段,体现为确定概念、编码、传递、接受、译码、应用、反馈7个环节。⑥

在思想政治教育传播模式方面,学者们充分借鉴了西方传播学的模式理论对思想政治教育展开研究。其中,岳金霞参照了"申农—韦弗通讯模式"来构建思想政治教育传播模式,并按照师生构成联系的性质,提出了直接联系结构、间接联系结构以及混合型联系结构。⑦ 而王贤卿则借鉴和吸收了传播学的"5W"模式,通过对教育者图像再刻画、教育符号再透视、教育媒介再分析、教育对象再考量以及教育效果再探究来增强思想政治教

---

① 岳金霞:《论思想政治教育信息的传播过程及模式》,《石油大学学报》(社会科学版)2003年第6期。
② 刘雷、马华芳:《论思想政治教育传播过程及模式》,《广西社会科学》2008年第5期。
③ 元林:《影响思想政治教育过程的传播性因素及对策》,《社会科学家》2010年第10期。
④ 张晓波:《影响思想政治教育传播效果的因素分析》,《广西师范大学学报》(哲学社会科学版)2001年第1期。
⑤ 李梁:《浅析思想政治教育信息传播及其模式》,《上海大学学报》(社会科学版)2003年第2期。
⑥ 黄世虎:《思想政治教育信息传播的过程分析》,《理论与改革》2008年第4期。
⑦ 岳金霞:《论思想政治教育信息的传播过程及模式》,《石油大学学报》(社会科学版)2003年第6期。

育的实效性。① 此外，李洁、何沙还基于传播学中的奥斯古德—施拉姆循环模式、丹斯模式和赖利夫妇模式，对思想政治教育传播过程中的"循环和互动模式""系统模式"进行了探讨，并指出思想政治教育信息传播系统除了具有一般系统的整体性、有序性、环境适应性、动态性等特征之外，还具有系统的目的性、开放性、过程性等特征。②

第三，新时代思想政治教育传播的新走向与思路问题。习近平总书记强调："做好高校思想政治工作，要因事而化、因时而进、因势而新。要遵循思想政治工作规律，遵循教书育人规律，遵循学生成长规律，不断提高工作能力和水平。"③ 因此，在中国特色社会主义新时代，思想政治教育传播也要与时俱进、创新发展。

在传播原则上，廖灵丹等指出，在新时代，思想政治教育传播要以习近平新时代中国特色社会主义思想为引领，要"坚持习近平系列重要讲话中所强调的以人民为中心的传播理念与弘扬主旋律的传播原则，改变传统的仅仅依靠人际传播或组织传播等方式，充分利用高度发达的传播媒介，实现思想政治教育传播手段现代化，奏响思想政治教育传播的交响乐，实现传播的科学性与艺术性相融合"。④ 邱柏生则强调，现代思想政治教育信息的有效传播要赋予策略普遍性的形式，实现利益表征的言论与实践方向的统一，坚持不断创新，讲究策略的多样性和发挥策略组合优势。⑤

在传播路径上，学者们主要针对新时代的碎片化传播、场景化传播以及沉浸式传播带来的挑战展开了对策研究。周艺璇等学者指出："信息碎片化传播使高校网络思想政治教育目标模糊化、话语体系肤浅化、主客体关系复杂化。有效应对信息碎片化传播对高校网络思想政治教育的挑战和冲

---

① 王贤卿：《基于传播学"5W"模式的现代德育考量》，《大连理工大学学报》（社会科学版）2014 年第 4 期。
② 李洁、何沙：《论思想政治教育信息传播的模式及特征》，《石油教育》2011 年第 3 期。
③ 《习近平谈治国理政》第 2 卷，外文出版社，2017，第 378 页。
④ 廖灵丹、刘爱莲：《习近平系列重要讲话对新时期思想政治教育传播的三维启示》，《思想政治教育研究》2017 年第 4 期。
⑤ 邱柏生：《关注现代思想政治教育信息有效传播的策略问题》，《学校党建与思想教育》2018 年第 5 期。

击，需要推进思想政治队伍专业化建设、促进校园媒体资源高度融合、提高网络话语传播的技巧性、重视网络思政信息的精准发布、规范学生网络信息消费意识。"① 黄冬霞则认为，场景化传播是时代发展过程中传播方式的重要变革，塑造了全新的教育生态，具有强大的连接力、体验力和服务力，但可能遭遇引发思想政治教育对象能力危机、消解思想政治教育内容特性、导致思想政治教育评价片面等问题。因此，"需要树立工具理性与价值理性融合发展的理念，提升思想政治教育队伍的数字素养，完善思想政治教育场景建构机制，建立健全驱动创新的保障机制"②。就沉浸式传播而言，王寅申等学者指出，沉浸传播时代的思想政治教育区别于以往的最大特点是虚拟仿真语境下大脑（意识）的深度沉浸，从而不可避免地会导致沉浸传播呈现"人性缺失""弱化智能""浅学习"等问题，因此，迫切需要厘清沉浸传播时代思想政治教育的"道"与"器"，完善沉浸传播时代思想政治教育的"范"与"式"，弥补沉浸传播时代思想政治教育的"缺"与"憾"。③

在学科发展上，还有学者就新时代思想政治教育传播学的领域、内容和方法进行了探讨。鲁杰等认为，"思想政治教育传播学作为一门新兴分支学科，其学科领域应包括思想政治教育与传播学的交叉研究、新兴媒体工具在思想政治教育中的应用、解决思想政治教育传播实践中的问题等；其研究内容是以传播环节为框架、传播话语为内容、传播符号为单元；其研究方法，是以历史唯物主义与辩证唯物主义为遵循原则，用传播学、符号学与福柯的话语理论等方法综合研究"④，从而为新时代思想政治教育传播的科学化发展提供了有益思考。

---

① 周艺璇、王长恒：《信息碎片化传播对高校网络思想政治教育的挑战及对策》，《学校党建与思想教育》2018 年第 9 期。

② 黄冬霞：《场景化传播驱动思想政治教育创新的时代价值和实践策略》，《思想理论教育》2022 年第 11 期。

③ 王寅申、朱忆天：《沉浸传播时代思想政治教育的发展变革与价值澄明》，《思想理论教育》2021 年第 4 期。

④ 鲁杰、边卫军：《思想政治教育传播学：领域、内容与方法》，《教学与研究》2016 年第 6 期。

2. 国外研究现状

尽管国外没有"思想政治教育"的说法，但这并不意味着西方国家没有通过公民教育、道德教育、历史教育、宗教教育开展主流意识形态传播，而且西方国家特别注重发挥大众传播媒介在公民素质养成、宗教观念习得等方面的巨大优势，不断强化人们的政治认同。在西方，高等教育和新闻传播体制被视为"现代意识形态建设和传播最重要的机制"①。

第一，西方传播学研究成果颇丰，并且能够服务政治社会发展。"纵观当代传播学界，在一般性理论中有结构和功能论、认知和行为论、互动和习性论、阐释和批判论等；在主题性理论中有控制分析、内容分析、媒介分析、受众分析、效果分析等；在层次性理论中有人际传播论、群体传播论、组织传播论、大众传播论等。在这些理论中，还有各种各样的理论形式，如受众研究中的社会分类论、社会关系论、社会参与论；效果研究中的魔弹效果论、微弱效果论、条件效果论、分层效果论等。"② 最具代表性的人物有哈罗德·拉斯韦尔、库尔特·勒温、卡尔·霍夫兰、保罗·拉扎斯菲尔德、威尔伯·施拉姆等，他们对传播学的创建和发展做出了重要贡献。其中，哈罗德·拉斯韦尔第一次明确使用"大众传播学"的概念，并高度概括了传播活动运行的"5W"模式，提供了传播研究的核心体系；库尔特·勒温最先提出"把关人"概念，认为传播者在信息传递过程中扮演重要的角色，对于研究传播过程的内在控制机制起到推动作用；卡尔·霍夫兰则主要致力于研究传播与说服，揭示了传播效果形成的重要条件；保罗·拉扎斯菲尔德不仅提出了"意见领袖""两极传播理论""既有政治倾向的作用"等很有影响力的概念，而且重视量化分析方法，代表作有《人民的选择》《个人的影响力：个人在大众传播中的作用》等；威尔伯·施拉姆作为"传播学之父"，最大的贡献就是对已有的传播研究成果进行系统化整理和科学化研究，使传播学成为一门独立自主的学科。1949 年，《大众传

---

① 易涤非：《通识教育、媒体责任与美国意识形态建设——从两份哈钦斯报告说起》，《红旗文稿》2014 年第 14 期。

② 邵培仁：《传播学》（第三版），高等教育出版社，2015，第 47 页。

播》一书出版，标志着传播学的正式诞生。此外，沃尔特·李普曼、马歇尔·麦克卢汉、伊丽莎白·诺埃勒-诺伊曼、马克斯韦尔·麦库姆斯等学者深入研究了"公众舆论""媒介即讯息""沉默的螺旋""议程设置"等理论，这些理论对传播学的发展都起到了重要的推动作用。[①] 此外，国际传播学会等一大批研究机构相继成立，《人类传播研究》等期刊纷纷创办，这不仅促进了传播学的深化研究，而且有利于提高传播决策的科学化水平，增强信息传播的效果。

第二，西方国家高度重视传播功能，并使之服务于政治经济社会发展。哈罗德·拉斯韦尔在其代表作《传播在社会中的结构和功能》中提出了传播的三大功能，即"环境监视功能"、"社会协调功能"和"文化传承功能"，强调传播媒介是环境的观察者、政策的塑造者以及知识的传播者。保罗·拉扎斯菲尔德在《大众传播的社会作用》一文中提出了大众传播三个方面的社会效应，即"社会地位赋予"、"社会规范强制"以及"麻醉受众神经"。其中，前两种为正功能，后一种为负功能。同时，威尔伯·施拉姆在其著作《传播学概论》中将传播功能总结为"雷达功能""控制功能""教育功能""娱乐功能"等多个方面。因此，大众传播在西方国家的政治经济社会运行中发挥着多样作用。可是，正如赫伯特·马尔库塞所质疑的："人们当真能对作为新闻和娱乐的工具和作为操纵和灌输力量的大众传播媒介作出区分吗?"[②] 事实是不太可能有所区分。在现代社会，媒介化的政治传播占据核心地位，起到了至关重要的作用，不发挥思想引导、政治控制等功能的大众媒介是不存在的。在西方国家，政府总是不遗余力地通过各种途径控制媒体，并运用网络社交媒体（Blog、Facebook、Twitter、YouTube）、广播、电视、电影、报纸、杂志等向公众塑造国家及政府的正面形象，宣传资本主义的核心价值观念和政治思想意识，使媒体充当政府的宣传工具。特别是在政治选举中，各种新兴媒体被用于发布政党信息、施政

---

① 参见董璐编著《传播核心理论与概念》，北京大学出版社，2008。
② 〔美〕赫伯特·马尔库塞：《单向度的人——发达工业社会意识形态研究》，刘继译，上海译文出版社，2008，第8—9页。

方针以及竞选口号，从而达到宣传等效果。因此，罗伯特·哈钦斯指出，大众传播机构是在形成美国文化和美国公众舆论的众多影响因素中最强大的因素；爱德华·赫尔曼和诺姆·乔姆斯基在其合著的《制造共识——大众传媒的政治经济学》一书中指出，"美国媒体是为控制着它并为它提供资金支持的强大社会利益集团服务并代其从事宣传的"①，其目的是要炮制一个意识形态的共识；而"在激进的法兰克福学派的人眼中，媒介不仅是国家的'话筒'、权力的工具，它还是被国家加以利用的维护意识形态、传递统治阶级意志的工具，甚至它本身就是意识形态，直接履行着意识形态的社会控制职能，维护着国家统治的合法性"。②

第三，西方国家利用媒介进行意识形态的对外输出，开展文化渗透。长期以来，西方资本主义国家为了维护霸权地位并攫取与之相关的最大利益，会凭借其强大的信息技术实力和现代传播体系向他国传播自己的价值观，让目标国家的民众浸润在"民主""平等""自由"等美式话语环境中，从而使目标国家的民众无意识地将资本主义意识形态内化为自身判断是非的标准，外化为对西方国家政治的膜拜。比尔·克林顿曾强调："全球化背景下的国际互相依赖不仅不是对美国和美国人的价值观的威胁，恰恰相反的是美国的自由、自决和市场经济等价值观在世界上的影响得到不断加强。"③ 近些年来，随着信息技术的发展，网络越来越成为西方国家进行文化渗透的主要工具。有学者指出："在意识形态的具体斗争中，一些西方国家一方面充分借助互联网的匿名性，通过对相关社会问题、突发事件等进行夸大，或炮制和散布有关政治、经济、社会等领域问题的谣言，制造网络舆论危机，诱发社会思想领域的混乱，消解人们对本国主导思想和价值观念的认同。另一方面西方国家充分利用网络传播的超时空性以及管理

---

① 〔美〕爱德华·赫尔曼、诺姆·乔姆斯基：《制造共识——大众传媒的政治经济学》，邵红松译，北京大学出版社，2011，第 1 页。
② 邵培仁、李梁：《媒介即意识形态——论法兰克福学派的媒介控制思想》，《浙江大学学报》（人文社会科学版）2001 年第 1 期。
③ 〔美〕比尔·克林顿：《希望与历史之间——迎接 21 世纪对美国的挑战》，金灿荣译，海南人民出版社，1996，第 117 页。

体制不完善等漏洞，通过网站、社交软件等大肆传播含有西方社会主导思想和价值观念的内容，增强西方价值观念在社会普通民众中的影响力，极大地冲击目标国政府原有宣传方式和宣传内容的权威性。"① 以我国为例，当前西方意识形态对我国网络渗透的主要方式有利用网络信息传播"脱域"特质抢占我国主流意识形态阵地、构造网络信息思想"陷阱"模糊我国主流意识形态认同以及雕琢"文化景观"恶意消解我国主流意识形态根基。② 可以说，渗透的手段更为隐蔽、形式更为多样，而"结合热点问题，运用议程设置、话题炒作、同步施压等方式推进炒作性渗透"③ 是其惯用的伎俩。面对西方资本主义国家对媒介的控制与垄断，王玉鹏一针见血地指出，"媒介控制是媒介与政治相勾连的结果，也是政治权力对媒介施加影响的结果"，"实质上是一种话语权和传播权的垄断。资产阶级试图通过占据和控制国际话语权，进而实现其在全球政治、经济、文化等领域的主导权"，"媒介帝国主义实际上是资本主义霸权的一种新表现形式"。④

(二) 研究评析

从总体上看，学界对思想政治教育学与传播学的交叉研究伴随新媒体的崛起而兴起，并且随着新时代思想政治教育传播实践的深入，研究领域不断拓宽、研究力度不断深化、研究方法也不断创新，这种交叉研究成为思想政治教育学研究的前沿。但其中仍存在一些不平衡不充分之处，亟待进一步发展。

宏观研究多，微观研究少，研究层次可进一步细化。也就是说，目前学界对思想政治教育传播问题的研究大多是从宏观层面加以论述，聚焦于对思想政治教育传播过程进行整体分析，而较少地就其中某一个要素或几

---

① 孙炳炎：《清醒认识西方意识形态渗透的"四化"新态势》，《理论探索》2020年第6期。
② 郭明飞、程玉璐：《西方意识形态网络渗透的现实情势与应对策略》，《长江论坛》2023年第2期。
③ 阚道远、郭蓬元：《论新时期西方意识形态渗透的新路径》，《世界社会主义研究》2020年第10期。
④ 王玉鹏：《媒介帝国主义与资本主义意识形态话语权批判》，《马克思主义研究》2020年第5期。

个要素进行微观研究，更没有深入高校思想政治教育这一具体且十分重要的领域，在对高校思想政治教育传播的历史经验、现实难题以及传播力建构等问题进行系统梳理和探究方面，显然存在一些不足。

同质研究多，创新研究少，研究深度需要进一步提升。这主要体现在对两个问题的研究上。一是关于思想政治教育传播模式的研究。目前，一些学者在研究思想政治教育传播模式时，往往借助于传播学的相关模式理论，但简单移植多、创新研究少，存在"炒冷饭、重复建设"的现象。二是关于思想政治教育传播方法的研究。一些学者并没有把西方传播学的理论与中国思想政治教育传播的实践紧密结合，融合度不高，针对性不强，尚存在"两张皮"现象，且缺少战略高度和国际视野。

总之，国内外学者的研究成果为当前探析高校思想政治教育传播问题提供了重要文献参考和有益思路启发。在其研究的薄弱之处，我们可以进一步思考如下问题：一是高校思想政治教育传播是否具有特殊性；二是高校作为思想政治工作的前沿阵地，在新时代遇到了怎样的困境；三是高校思想政治教育传播应进行怎样的变革以应对新时代传播格局和舆论生态的深刻变化，其理论依据及实践路径又是怎样的。只有把这些问题回答好，才能使思想政治教育传播研究在新时代有更大的突破和新的发展。

三　研究思路与方法

（一）研究思路

为了提升新时代高校思想政治教育传播的效果，本书对高校思想政治教育传播的历史变迁、要素变化、模式变革、现实困境及效果提升等多方面进行了由点及面、由静及动的深入探讨，体现出历史与逻辑的统一、静态与动态的结合、理论与实践的一致。

本书的基本结构和内容安排如下。

导论主要对高校思想政治教育传播问题的研究缘起、研究意义、研究思路、研究方法进行了阐释。从总体上看，对高校思想政治教育传播问题展开研究，既是对新时代"两个大局"的深刻把握，又是对"传播变革"的深切回应，还是对"学科发展"的深入思考，有助于丰富学科内涵、促进思想政治教育学科体系的完善，有助于占领信息传播制高点、牢牢掌握意识形态工作的主动权和话语权，有助于增强工作实效、解决高校思想政治教育传播难题。

第一章主要对高校思想政治教育传播的内涵与特征进行揭示。首先，对传播等相关概念进行界定，为开展研究奠定扎实的基础。其次，对思想政治教育与传播之间的内在契合性进行探讨，进而揭示高校思想政治教育传播的内涵和特征。最后，具体分析当前高校思想政治教育传播的基本要素及主要途径，从而将高校思想政治教育传播与一般的思想政治教育传播区别开来。

第二章主要对高校思想政治教育传播的历史轨迹进行分析。一方面，着力研究新中国成立前高校思想政治教育传播积极开展、新中国成立后曲折发展以及新时代深化拓展的状况和特点；另一方面，以史为鉴、开创未来，着重强调坚持中国共产党对高校思想政治教育传播的全面领导、坚持高校思想政治教育传播服务于党和学生、加强对高校思想政治教育传播队伍的整体建设、发挥高校思想政治教育传播媒介的导向功能等经验的重要性。

第三章主要对新时代高校思想政治教育传播的嬗变进行重点阐述。一是分析了新时代高校思想政治教育传播要素的显著变化，主要体现在四个方面：高校思想政治教育者的角色发生了变化，由过去的"传道者"向"引路人"转变；思想政治教育对象的主体性逐渐凸显，由过去的"被动受众"向"积极用户"转变；思想政治教育信息量得到了突破，由过去的"少量滞后"向"海量即时"发展；思想政治教育传播媒介逐步实现融合，由"壁垒高筑"向"互联互通"发展。二是探究了高校思想政治教育课堂教学传播的转向，即由过去的"单向灌输"转变为"立体多维"。

第四章主要深入探讨了新时代高校思想政治教育传播变革中所面临的现实困境，具体表现在把关疲软乏力、信息量质失衡、媒体融合不足、模式转型较难等多个方面。把关疲软乏力主要是传播者把关的权力弱化、把关角色逐渐泛化、把关过程呈现片面化等原因造成的；而把关的乏力进一步带来了信息的量质失衡问题，具体表现在信息泛化、信息匮乏以及信息噪声等方面；同时，融合理念模糊、管理体制欠缺、人才资源不足等问题导致了媒体融合不充分。此外，在课堂教学传播方面，单向传播模式依然存在，翻转课堂建设面临重重挑战。

第五章重点分析了新时代提升高校思想政治教育传播效果的策略。要明确提升高校思想政治教育传播力的三个重要维度，即良好的公信力、引导力和渗透力。要通过促进高校思想政治教育传播主体的协同及媒介素养的提升，推进思想政治教育传播信息的整合、思想政治教育传播平台的共建、思想政治教育传播模式的优化、思想政治教育教学方式的改进，从而保障主流意识形态在高校的传播与引领。

（二）研究方法

本书为了加强对新时代高校思想政治教育传播的研究，综合运用了文献研究方法、历史与逻辑相统一的方法、理论与实践相结合的方法、静态与动态相统一的方法以及系统分析法等多种方法。

第一，文献研究方法。文献研究方法是本书采用的主要方法。一方面，深入研究马克思主义经典文献，科学把握有关精神生产与精神传播、人的交往、大众传播媒介等方面的理论，为高校思想政治教育传播研究奠定坚实的理论基础。另一方面，灵活运用传播学、教育学、心理学等相关学科的研究成果，拓展研究的视野，进行学术创新。习近平总书记曾强调："对一切有益的知识体系和研究方法，我们都要研究借鉴，不能采取不加分析、一概排斥的态度。"[①]

第二，历史与逻辑相统一的方法。本书全面回顾了中国共产党成立后高校思想政治教育传播的历史，并分析其在各个阶段的特点，有助于清晰

---

① 《习近平谈治国理政》第 2 卷，外文出版社，2017，第 341 页。

把握高校思想政治教育传播的发展脉络，为当今高校在新时代展开思想政治教育传播提供有益的借鉴。这就把对事物历史过程的考察与对事物内部逻辑的分析有机地结合起来，使逻辑分析以历史考察为基础、历史考察以逻辑分析为依据，从而客观、全面地揭示高校思想政治教育传播的本质。

第三，理论与实践相结合的方法。本书研究始终以马克思主义方法论为指导，从当前的新时代背景、高校思想政治教育发展的现实需要出发，切实分析高校思想政治教育传播中存在的现实问题，积极探寻传播力提升的策略，并在两者相交的契合点上，研究了传播过程基本要素和传播模式的嬗变，以促进思想政治教育传播的科学发展。

第四，静态与动态相统一的方法。对于高校思想政治教育传播既可以作静态的分析，也可以作动态的把握。因此，本书既从静态角度考察了高校思想政治教育传播的各个要素及传播模型，又从动态的角度分析了传播过程及运行机制，实现了动静结合。

第五，系统分析法。这也是本书研究的重要方法。依据系统论、信息论、控制论等方法，科学分析了新时代影响高校思想政治教育传播效果的各个因素及其构成，并找出影响传播效果的现实根源，提出优化传播效果的策略，实现传播力的提升。

综上所述，新时代高校思想政治教育传播研究是当前思想政治教育研究中的前沿问题。本书在研究中，一方面有着鲜明的问题意识，使之沿着"问题之本—历史之鉴—现实之境—发展之策"的逻辑思路来展开；另一方面，本书实现了研究视角的转换，能够灵活运用传播学的相关知识和观点来分析、观察、解决高校思想政治教育传播中的各种问题，有助于拓展思想政治教育研究的理论空间和实践空间、开阔研究视野，具有时代性和前瞻性。

第一章　高校思想政治教育传播概述

思想政治教育与传播具有内在的契合性，从传播学的角度看，思想政治教育实际上也是一种信息传递的过程。但与一般思想政治教育传播相比，高校思想政治教育传播在内涵特征、基本要素、传播途径等方面呈现特殊性。对其进行精准把握有助于更好地在教育强国建设中提升思政引领力。

第一节　高校思想政治教育传播的相关概念

概念是建构思想大厦的"基石"，"是反映事物本质属性及特征的思维形式，是实现感性具体到思维具体的必备工具"。① 因此，研究高校思想政治教育传播问题，需要从解析"传播""思想政治教育传播"等基本概念入手，并通过层层剖析来科学地把握高校思想政治教育传播的本质与特征。

一　传播

"传播"一词，在汉语中是一个联合结构的词。"传"具有"传递""传送""传承"等多种含义，"播"则指"散播""传布"，两个字合起来有"广泛散播"之意。例如，中国古籍《北史·突厥传》中写道："宜传播天下，咸使知闻。"

在西方英文中，"传播"一词对应的词语是"communication"。作为一种社会历史现象，"传播"在不同的语境中意蕴不同。美国传播学者弗兰

---

① 冯刚等：《新时代高校思想政治教育学原理》，人民出版社，2021，第1页。

克·丹斯（Frank Dance）在《人类传播功能》一书中统计说，关于传播的定义多达 126 种；密歇根理工大学传播学教授珍妮弗·斯莱克更是强调："传播并不具有单一、绝对的本质，足以充分解释我们研究的现象。这样的定义并不存在；等待下一位最聪明的传播学者一次性而且一劳永逸地解决这一问题同样是不可能的。"① 因此，我们需要从多种角度观察和理解传播，并把握其中的一些代表性观点。

第一，传播是传递。美国学者查尔斯·桑德斯·皮尔士在 *The Law of the Mind* 一书中提出，传播即观念或意义（精神内容）的传递过程；哈罗德·拉斯韦尔在 *The Structure and Function of Social Communication in Society* 一书中则指出，传播就是谁通过什么渠道向谁传递了什么信息，并取得了什么效果。因此，传播是信息传递的过程。

第二，传播是共享与互动。亚历山大·戈德认为，传播是使原为一个人或少数人所有的化为两个或更多人所共有的过程；威尔伯·施拉姆也认为，当我们进行传播的时候，就与他人共享信息；詹姆斯·卡里则进一步指出，"传播是一个制造、保持、修补和转换现实的象征性过程。通过传播，一定群体的人们共享民族、阶级、性别身份、信仰等，换句话说，他们共享着相同的文化"。② 此外，哈贝马斯认为，人们可以通过传播达成共识，交往本身能够最终实现理性对话；我国学者毛峰也指出："传播是人类分享生命信息、意义与和谐的伟大文明活动与精神活动。"③ 由此可见，传播不是简单的信息传播过程，其中更包含平等的互动、文明的交流。

第三，传播是权力。也就是说，传播中渗透着无形的权力，隐藏着看不见的权力控制。斯图亚特·霍尔曾指出，"有效传播"是编码、解码、符码各个环节精确接合的结果之一，在电视话语生产过程中，交替上演着集

---

① 〔美〕埃姆·格里芬：《初识传播学——在信息社会里正确认知自我、他人及世界》，展江译，北京联合出版公司，2016，第 5 页。

② 刘海龙：《大众传播理论：范式与流派》，中国人民大学出版社，2008，第 27 页。

③ 毛峰：《传播学概论》，中南大学出版社，2006，第 3 页。

权和移权的戏码，充满了意识形态的无形斗争。① 马克斯·霍克海默和西奥多·阿多诺也强调，以大众传播为载体的文化工业充当了资产阶级意识形态的统治工具，所谓的大众文化根本不是自下而上的自发文化，而完全是资产阶级控制大众的文化工业。

此外，传播学中存在"传播是游戏""传播是关系""传播是叙事"等观点，这为我们研究传播现象提供了多种视角。

二　思想政治教育传播

虽然思想政治教育学是一门年轻的学科，但是思想政治教育作为一个社会历史活动，随着阶级和国家的产生而产生，是一定的阶级或集团为实现自身政治目的而进行的实践活动，与传播有着天然的联系。

第一，从历史的角度上看，思想政治教育和传播活动总是相伴而生。"思想政治教育一方面承载于传播活动之中，构成传播活动和传播媒介的重要内容。另一方面，思想政治教育也始终在遵循并不断认识着客观的传播规律。"② 无论是在革命战争年代还是在改革开放时期，报刊、电台、电视等大众传播媒介总是成为党和政府的"喉舌"，是传递思想政治教育信息、引导舆论的重要载体。马克思曾指出："正是由于报刊把物质斗争变成思想斗争，把血肉斗争变成精神斗争，把需要、欲望和经验的斗争变成理论、理智和形式的斗争，所以，报刊才成为文化和人民的精神教育的极其强大的杠杆。"③

第二，从传播的角度上看，思想政治教育实际上是一个信息传递的过程。邵培仁在《传播学》一书中将传播定义为"人类通过符号和媒介交流信息以期发生相应变化的活动"④；而思想政治教育是"一定社会的阶级或集团运用一定的思想观念、政治观点、道德规范，对其成员进行有目的、

① 陈力丹、林羽丰：《继承与创新：研读斯图亚特·霍尔代表作〈编码/解码〉》，《新闻与传播研究》2014 年第 8 期。
② 冯宋彻：《多维视域的大众传媒》，中国传媒大学出版社，2009，第 65 页。
③ 《马克思恩格斯全集》第 1 卷，人民出版社，1995，第 329 页。
④ 邵培仁：《传播学》（第三版），高等教育出版社，2015，第 58 页。

有计划、有组织的教育，使他们形成符合一定社会群体和阶级所需要的思想政治品德的社会实践活动"①，二者在基本要素构成和过程发生发展上存在极大的一致性，都强调人与人之间借助一定媒介进行有意图、有目的的信息交流的过程。因此，有学者直接指出："思想政治教育过程实际上也完全可以被看成是一个教育传播过程。从传播学的角度讲，思想政治教育也是一种特定的信息传播交流工作，其表达形式、运用手段甚至对象和效果研究都与传播有着密不可分的联系。"②

20世纪80年代中期以来，随着大众媒介的发展，"思想政治教育"与"传播"的学术关联越发密切，交叉研究也日益频繁，"思想政治教育传播"的定义也呈现多样性，有学者认为，思想政治教育传播是"一种以培养人和训练人的思想品德为目的，以一定的思想观念、政治观点、道德规范等内容为核心的信息传播活动"。③ 也有学者提出，思想政治教育传播是"教育者有意识、有目的对受教育者施加影响，通过思想政治教育信息的传递、接受与反馈，以达到彼此共享、互动、共识的社会行为、活动和过程"。④ 还有学者指出，思想政治教育传播是"以社会主义核心价值观为主要内容的信息传播过程"。⑤ 这三种观点都指出了思想政治教育传播是一种信息传递的活动，但第二种观点中"施加"一词带有浓厚的强制性和权力色彩，第二种观点容易忽视受众的主体性，存在一定的不足。因此，在充分借鉴前人研究的基础上，本书认为思想政治教育传播是思想政治教育传播者按照一定的社会要求，通过特定的传播活动，把思想政治教育信息传递给受众，以提高受众思想、政治、道德素质并促进其全面发展的过程。这一界定既突出了思想政治教育过程中信息传播的特性，又坚持了思想政治教育的根本目的。

---

① 《思想政治教育学原理》编写组编《思想政治教育学原理》，高等教育出版社，2016，第48页。

② 陆学杰、元林：《思想政治教育需重视与传播的交叉研究》，《广西大学学报》（哲学社会科学版）2009年第2期。

③ 欧阳林：《思想政治教育传播学》，北京交通大学出版社，2005，第9页。

④ 岳金霞：《思想政治教育信息传播过程中的干扰信息与冗余信息》，《广西社会科学》2004年第2期。

⑤ 燕连福：《大学生思想政治教育转换研究》，光明日报出版社，2013，第10页。

三　高校思想政治教育传播

高校思想政治教育是思想政治工作中的重要一环，承担着高校意识形态教育的重要职责，与一般思想政治教育相比，它具有特殊性。第一，教育的主体指向高校思想政治教育者；第二，教育的对象更倾向于学生群体；第三，教育的场域主要集中在校园；第四，教育的目的是培养德智体美劳全面发展的社会主义建设者和接班人。基于此，我们可以将高校思想政治教育传播定义为高校内承担思想政治教育职责的传播者为了培养德智体美劳全面发展的社会主义建设者和接班人，运用校园传播媒介将蕴含一定思想观念、政治观点、道德规范的信息传递给学生受众，并使之接受的过程。

从总体上看，高校思想政治教育传播具有鲜明的政治性、导向性以及系统性等。一是传播目的的政治性。习近平总书记强调："高校思想政治工作关系高校培养什么人、如何培养人以及为谁培养人这个根本问题。要坚持把立德树人作为中心环节，把思想政治工作贯穿教育教学全过程，实现全程育人、全方位育人。"[①] 因此，高校思想政治教育传播必须坚守为党育人的初心和为国育才的立场，牢牢掌握意识形态工作的领导权、主动权和话语权，致力于培养新时代社会主义建设者和接班人。二是传播内容的导向性。马克思主义是我们立党立国的根本指导思想。"中国共产党为什么能，中国特色社会主义为什么好，归根到底是马克思主义行，是中国化时代化的马克思主义行。"[②] 因此，高校思想政治教育传播要坚持以马克思主义为指导，加强主流意识形态的主导和教育，不断用党的创新理论武装学生的头脑，用社会主义核心价值观引领社会思潮，积极引导广大青年学生坚定不移听党话、跟党走，使他们以青春之躯担时代之责。三是传播过程的系统性。高校思想政治教育传播是信息传递与交流的复杂过程，它不是无序的、无组织的，而是由紧密联系、相互作用的各要素、各环节构成的

---

① 《习近平谈治国理政》第 2 卷，外文出版社，2017，第 376 页。
② 习近平：《高举中国特色社会主义伟大旗帜　为全面建设社会主义现代化国家而团结奋斗——在中国共产党第二十次全国代表大会上的报告》，人民出版社，2022，第 16 页。

有机整体。不仅需要党、政、工、团各部门齐抓共管,而且贯穿课内课外、线上线下、校内校外全过程;不仅有内向传播、人际传播,还有组织传播、大众传播以及国际传播,从而形成全方位、立体化的传播体系,推动高校思想政治教育传播活动有效开展。

第二节　高校思想政治教育传播的基本要素

要素是构成特定系统和活动所必不可少的因素、元素的总和。[①] 高校思想政治教育传播活动主要包含思想政治教育传播者、思想政治教育传播受众、思想政治教育信息、思想政治教育传播媒介这四个最基本的组成要素,这些要素有着不同于一般思想政治教育传播要素的显著特点。

一　高校思想政治教育传播者

传播者处于高校思想政治教育传播链条的第一个环节,是传播过程中最基本的要素之一,主要是指高校中有目的、有计划地开展思想政治教育传播活动的组织或个人。也就是说,思想政治教育传播者可以分为两类:一类是作为组织的思想政治教育传播者,即开展传播活动的各级党团组织、行政机构、学生团体等;另一类是个体层面的思想政治教育传播者,如领导干部、教师、辅导员等。两类传播主体在进行思想政治教育传播时,有着各自的特点和规范。

(一)　作为组织的思想政治教育传播者

高等学校作为培养人的专门机构,本身就是一种教育传播的组织。它具有鲜明的组织形式,并依靠制度和规范使思想政治教育传播维持良好的秩序。在长期的发展和实践中,高校思想政治教育传播已经逐步建立起由党委统一领导、党委宣传部门牵头协调、党政工团齐抓共管、相关部门和

---

① 沈壮海:《思想政治教育有效性研究》,武汉大学出版社,2001,第60页。

院系共同参与的传播组织体系。这正如毛泽东所说："思想政治工作，各个部门都要负责任。共产党应该管，青年团应该管，政府主管部门应该管，学校的校长教师更应该管。"①

我国高校现行的制度是党委领导下的校长负责制。因此，党的委员会就是学校的领导核心，在宣传党的路线方针政策上负有不可推卸的重要责任。2014 年 10 月，中共中央办公厅印发了《关于坚持和完善普通高等学校党委领导下的校长负责制的实施意见》，就党委在高校宣传工作中的职责作了重要指示。例如，要领导学校的思想政治工作和德育工作，坚持用中国特色社会主义理论体系武装头脑，培育和践行社会主义核心价值观，深入开展中国梦宣传教育，牢牢掌握学校意识形态工作的领导权、管理权、话语权；要领导学校工会、共青团、学生会等群众组织和教职工代表大会；要加强对学校院（系）等基层党组织的领导，做好发展党员和党员教育、管理、服务工作，发展党内基层民主，充分发挥基层党组织在思想政治教育传播中的战斗堡垒作用和党员的先锋模范作用。

党委宣传部是校党委领导下的主管思想宣传工作的重要职能部门。一般下设理论办公室、宣传办公室、思想政治办公室、校报、电视台、广播台、新闻网等机构，负责理论宣传、舆论引导、形势分析、思想教育以及校风创建等工作。具体职责如下：研究和宣传党和国家的大政方针，制定高校宣传发展规划；积极开展马克思主义理论学习，组织时事政策教育活动；准确收集和分析舆情，及时掌握师生员工的思想动态；建设和管理高校校报、高校电视台、高校广播台、校园新闻网等传播阵地，指导校园文化建设。

马克思主义学院是高校思想政治教育传播组织中的一个特别而重要的存在，关系着党和国家意识形态传播工作的大局。一方面，马克思主义学院是马克思主义理论学科的建设者、人文社会学院的领航者，在研究和宣传马克思主义、培育和弘扬社会主义核心价值观中发挥重要的作用；另一

---

① 《毛泽东文集》第 7 卷，人民出版社，1999，第 226 页。

方面，马克思主义学院是高校思想政治理论课的战斗堡垒，在与错误思想的坚决斗争中，帮助大学生树立起正确的世界观、人生观和价值观，引导大学生坚定马克思主义信仰和共产主义信念。同时，马克思主义学院肩负着培养马克思主义理论专业人才的重任，积极为党和国家培养政治立场坚定、思想道德高尚、理论功底扎实的青年马克思主义理论宣讲者和社会主义意识形态传播者。2021 年，中共中央办公厅印发了《关于加强新时代马克思主义学院建设的意见》；2023 年，教育部印发了《普通高等学校马克思主义学院建设标准》（2023 年版），特别强调要"扎实推动马克思主义学院内涵式发展"，"着力打造马克思主义理论教学、研究宣传和人才培养的坚强阵地，为全面建设社会主义现代化国家、实现中华民族伟大复兴的中国梦提供坚实学理支撑和人才支持"①，这为马克思主义学院的发展建设提供了基本遵循。

此外，共青团、学生会、班级、社团等都是思想政治教育传播的重要组织，它们在教育传播中的重要作用在 2004 年颁布的《中共中央 国务院关于进一步加强和改进大学生思想政治教育的意见》中已有表述。例如，共青团在教育、团结和联系大学生方面有天然的优势；高等学校学生会、研究生会是加强大学生思想政治教育的重要依靠力量；班级是大学生的基本组织形式，能够通过开展丰富多彩的主题班会等活动，团结、组织、教育学生；社团、生活社区、学生公寓等都是开展思想政治教育传播工作的新型大学生组织。

在高度组织化的高校中，各级组织有着明确的组织目标、严密的组织结构、严格的制度规范，在思想政治教育传播上呈现鲜明的特点。第一，旗帜鲜明地坚持党性。坚持党性是高校思想政治教育传播工作的灵魂和基石。无论时代如何演变、环境如何变化，党性原则绝不能丢、不能忘，不能有丝毫含糊、偏离和动摇。高校传播组织必须始终与党中央的精神保持

---

① 《中共中央办公厅印发〈关于加强新时代马克思主义学院建设的意见〉》，中国政府网，ht-tps：//www.gov.cn/zhengce/2021-09/21/content_5638584.htm，最后访问日期：2025 年 5 月 22 日。

高度一致，坚定不移地宣传党的路线方针政策，传达中央重大工作部署，维护中央权威，站稳政治立场。第二，传播结构层级清楚，组织成员分工明确。在高校中，形成了由党委统一部署和领导的校、院、系、班等各级党政工团学传播组织，高校以规章和制度的形式明确各级组织和成员在思想政治教育传播活动中的职责、权限和义务，使其各负其责、各司其职，防止各部门及其成员相互推诿或越权。第三，以垂直型的等级传播为主导模式。在这样一个"金字塔"形的等级传播结构中，通常由上级传播机构将决策、指令、计划和意见传达给下一级组织；同时，思想政治教育传播的具体执行人员和职能部门也负责向上级组织和高层领导汇报工作、反映问题、提出建议等。无论是下行传播还是上行传播，都是高校思想政治教育组织传播的重要形式。第四，重视对文件等书面形式传播媒介的运用。一方面，各级组织经常以手册、规范、制度等书面文件约束传播行为；另一方面，上、下级组织间精神的传达和意见的反馈经常以文件的形式进行。例如，上级传播组织为了传达党的新政策、纲领、决议往往印发文件给下级传播组织；而下级传播组织将传播的进展情况以计划和总结的形式上报。第五，强调领导的权威性。毛泽东曾说："政治路线确定之后，干部就是决定的因素。"[①] 因此，领导是高校思想政治教育传播组织的统领者和指引者，对组织成员具有巨大的影响力和驱动力。具体而言，领导的权威性主要表现在以下方面：一是定向作用，即引导并确保思想政治教育信息传播沿着正确的路线和方向发展；二是统率作用，即在思想政治教育传播过程中起到组织、指挥和协调的作用；三是监督作用，即领导经常对传播工作进行纠偏查错。总之，高校思想政治教育组织传播可控性强、可信度高、针对性好，并且传播的信息具有正规性和权威性，能够保证下级组织成员对信息的解释和阐述都在规定的框架和范围内展开，下级组织成员基本是原封不动地传达思想政治教育的内核和精神。

在高校中，每一个人都依存于一定的组织，并深受组织传播的深刻影

---

① 《毛泽东选集》第2卷，人民出版社，1991，第526页。

响。因此，应该重视组织在高校思想政治教育传播中的重要功能。第一，导向认同功能。组织传播中所涉及的制度与规则，对组织成员的思想和行为起到了良好的指引和规范作用，使其在组织管理者所期望的方向之上、范围之内发展，从而进行合乎道德规范的价值选择。同时，组织传播能够促进组织成员对组织内共同目的和价值观念等的认同，利于实现组织整体观念和个体行为的高度统一。第二，控制保障功能。在思想政治教育组织传播中，从传播任务的下达、开展到反馈，每一项工作都是在一定的机制下进行的，能够保证传播思想迅速被贯彻、问题及时被发现，利于实现组织内上情下达和下情上达渠道的畅通和轨道的正确。第三，协调整合功能。思想政治教育传播组织的正常运转，能够使所传播的信息顺畅流通，推进组织成员间的相互了解，提高成员间的信任度和凝聚力，从而使成员在求同存异的过程中最大限度达成共识，从而同心协力地去完成传播任务。

值得注意的是，高校思想政治教育科层制的组织传播也有自身的局限性。例如，信息传递低效。因为过多的传播层级，使信息在组织传播过程中要经过多次的传播才能完成，大大降低了信息传递的速度，增加了传播的成本；而且不同组织层级的传播者往往按照自己的认知结构和价值观去重新阐释信息，从而带来信息理解与传达上的偏差，导致信息失真，影响信息传播的效果。但是随着网络时代的到来，传统的垂直科层组织体系逐渐解构，组织传播变得更具有弹性和创造力。

（二）个体层面的思想政治教育传播者

个体层面的思想政治教育传播者主要涉及高校内肩负思想政治教育传播责任的专、兼职人员。习近平总书记在全国高校思想政治工作会议上的讲话指出："长期以来，高校思想政治工作队伍兢兢业业、甘于奉献、奋发有为，为高等教育事业发展作出了重要贡献。要拓展选拔视野，抓好教育培训，强化实践锻炼，健全激励机制，整体推进高校党政干部和共青团干部、思想政治理论课教师和哲学社会科学课教师、辅导员班主任和心理咨询教师等队伍建设，保证这支队伍后继有人、源源不断。"① 由此可见，高校党政干部和共青团干部、思想政治理论课教师和哲学社会科学课教师、辅导员班主任和心理咨询教师等是高校思想政治教育队伍中的主要人员，也是思想政治教育传播活动的重要组织者和实施者。

其中，思想政治理论课教师是高校教师队伍中开展马克思主义理论教育、用习近平新时代中国特色社会主义思想铸魂育人的中坚力量，是落实立德树人根本任务的关键主体。习近平总书记强调："办好思想政治理论课关键在教师，关键在发挥教师的积极性、主动性、创造性。"② 党的十八大以来，党和国家高度重视高校思政课教师队伍建设，先后出台了《普通高等学校思想政治理论课教师队伍培养规划》《新时代高等学校思想政治理论课教师队伍建设规定》等文件，为建设一支"专职为主、专兼结合、数量充足、素质优良"的思政课教师队伍提供了重要指导。一方面，思政课教师要以"政治强、情怀深、思维新、视野广、自律严、人格正"为标准严格要求自己，努力成为学习、实践、传播马克思主义的典范以及为学为人的表率；另一方面，思政课教师要始终坚持"政治性和学理性相统一、价值性和知识性相统一、建设性和批判性相统一、理论性和实践性相统一、统一性和多样性相统一、主导性和主体性相统一、灌输性和启发性相统一、显性教育和隐性教育相统一"的基本原则，积极推动思政课教学改革创新、提质增效。此外，鼓励地方党政领导干部、企事业单位管理专家、社科理论界专家、各行业先进模范以及两院院士、国有企业领导等人士进高校、上思政课讲台，从而更好凝聚思政课教学的"大合力"。

辅导员在高校思想政治教育传播过程中也是重要主体，主要负责高校大学生日常思想政治教育和管理工作，与大学生距离最近、接触最多，是大学生成长成才的人生导师以及健康生活的知心朋友。2017 年，教育部修订了《普通高等学校辅导员队伍建设规定》；2024 年，出台了《全面加强新时代高校辅导员队伍建设行动方案》，召开了全国高校辅导员队伍建设工作

---

① 《习近平谈治国理政》第 2 卷，外文出版社，2017，第 379—380 页。
② 《习近平谈治国理政》第 3 卷，外文出版社，2020，第 330 页。

会，进一步明确了辅导员在"思想理论教育与价值引领"等方面的工作职责，并且提出了"定性、定位、定向、定编、定标、定格"有机结合的建设要求，积极推动辅导员队伍专业化、职业化、专家化发展，为新时代高校思想政治教育传播提供有力支撑。

二　高校思想政治教育传播受众

高校思想政治教育传播受众，是指高校中思想政治教育信息的接收者或传播对象，它与传播者一起构成传播过程的双方。只有正确认识受众，才能保证高校思想政治教育传播活动的顺利开展，从而提升传播的效能和效率。

与一般传播受众所具有的多、杂、散、匿等特点不同，高校思想政治教育传播受众呈现少、纯、合、显等特征，即人数较少、思想纯朴、人员聚集、身份显明，主要指向在校大学生。作为一个特殊的受众群体，大学生的思想行为特点主要表现为以下几点。

第一，大学生主体意识彰显。新时代成长起来的青年大学生，在思想上具有更强的自主性、独立性和创新性。他们意识到自身的主体地位，高喊着"我的青春我做主"；他们重视自身的主体价值和主体能力，认识到自己与国家间休戚与共的关系；他们关心他人，勇于担当，在社会各领域的志愿者队伍中、在学雷锋活动中，到处都能看到当代青年大学生活跃的身影。正如习近平总书记所说："新时代新征程上，全国各族青年听从党和人民的召唤，在科技创新、乡村振兴、绿色发展、社会服务、卫国戍边等各领域各方面勇当排头兵和生力军，展现出自信自强、刚健有为的精神风貌。"[1]

第二，大学生价值取向多样。随着改革开放的深入发展，社会各阶层不同的价值观在新媒体环境中不断得以呈现并放大，西方各异的文化思潮和价值观也不断涌入，高校成为新旧、中西价值观激烈碰撞、交锋的重要场所。大学生不仅能接触到多元信息与价值观，也在创造着多元信息与价值观，并借助网络技术和新媒体，把价值选择和自我文化在新媒体世界中

---

① 《奋力书写为中国式现代化挺膺担当的青春篇章》，《人民日报》2024 年 5 月 4 日，第 1 版。

进行充分表达。大部分青年大学生认同民主、法治、文明、和谐、公平、正义等主流价值理念，但一些缺乏独立思考能力和理性辨别能力的青年大学生容易盲目认同或追随他人价值观，在不同程度上出现是非模糊、善恶不明、荣辱错位等问题，甚至有的大学生逐步走向堕落，形成拜金主义、享乐主义、极端个人主义等错误价值观。

第三，大学生易出现逆反心理。从生理上看，大学生正值青春期，大脑发育日趋成熟，思维和分析的能力越来越强，思维方式也由单一化的正向思维向逆向思维、多向思维、发散思维和抽象思维等发展，容易对传播的信息产生抵触、厌烦和冷漠情绪；同时，大学生在知识积累、生活经验和实践锻炼等方面尚存在一些不足，看问题常常带有片面性，不善于用历史的、辩证的眼光看问题，极易产生认知偏差，看问题易偏激，喜欢钻牛角尖，固执己见，带着这种思维和认知倾向去观察、分析外界事物，就会以情感代替理智，容易产生逆反心理。

第四，大学生青睐网络社交。大学生接受新鲜事物快，掌握新技术能力强，一般具有较广的信息视野和较高的媒介素养，是最早接触并且使用新媒体的人群。在人际交往中，微博、微信、客户端等新媒体凭借其快捷性、交互性等特性，受到广大青年大学生的喜爱。大学生在进行网络社交时，为了保护个人隐私和言论自由，多以匿名的方式进行交流，以更好地交流思想、传递情感。因此，虚拟空间活动在大学生日常生活中的分量加大，社交网络已经成为当今大学生表达思想观点和倾诉心声的理想选择，也是他们紧张的学习、生活中的一个泄压阀。他们通过在线交流充分表达自己的想法和意愿，获得他人的尊重，建立归属感，从而确立和完善自我认同、获得群体认同。

总之，"青少年阶段是人生的'拔节孕穗期'，最需要精心引导和栽培"①，如果人生的"第一粒扣子扣错了，剩余的扣子都会扣错"②。党的十

---

① 《习近平谈治国理政》第3卷，外文出版社，2020，第329页。
② 《习近平：青年要自觉践行社会主义核心价值观——在北京大学师生座谈会上的讲话（2014年5月4日）》，《人民日报》2014年5月5日，第2版。

八大以来，习近平总书记十分关注青年成长、重视青年工作，多次到高校考察调研，与青年大学生谈人生、话理想，并寄予厚望。在北京大学，习近平总书记提出，"当代大学生是可爱、可信、可贵、可为的"，"时代的责任赋予青年，时代的光荣属于青年。"① 在中国政法大学，习近平总书记指出："青年一代的理想信念、精神状态、综合素质，是一个国家发展活力的重要体现，也是一个国家核心竞争力的重要因素。当今中国最鲜明的时代主题，就是实现'两个一百年'奋斗目标、实现中华民族伟大复兴的中国梦。当代青年要树立与这个时代主题同心同向的理想信念，勇于担当这个时代赋予的历史责任，励志勤学，刻苦磨炼，在激情奋斗中绽放青春光芒、健康成长进步。"② 在清华大学，习近平总书记寄语广大青年，强调："当代中国青年是与新时代同向同行、共同前进的一代，生逢盛世，肩负重任。广大青年要爱国爱民，从党史学习教育中激发信仰、获得启发、汲取力量，不断坚定'四个自信'，不断增强做中国人的志气、骨气、底气，树立为祖国为人民永久奋斗、赤诚奉献的坚定理想。"③ 可以说，习近平总书记的这些重要讲话，为我们科学认识高校思想政治教育传播受众、提升传播的影响力和号召力提供了重要指导和遵循。

三 高校思想政治教育信息

思想政治教育信息是高校思想政治教育传播活动开展的重要中介，主要是指高校思想政治教育传播者按照党和国家的要求，有目的、有计划地向大学生受众传递的关于思想意识、价值观念、政治观点和道德规范等方面的信息。在信息的传递、接收和反馈的过程中，"不仅信息的真实性和可靠性直接影响信息传播效果，而且信息来源的权威性和专业性以及信息传

---

① 《习近平：青年要自觉践行社会主义核心价值观——在北京大学师生座谈会上的讲话（2014年5月4日）》，《人民日报》2014年5月5日，第2版。
② 《习近平在中国政法大学考察》，《人民日报》2017年5月4日，第1版。
③ 《坚持中国特色世界一流大学建设目标方向 为服务国家富强民族复兴人民幸福贡献力量》，《人民日报》2021年4月20日，第1版。

播的方法和技巧等，也都影响着受众对信息认同、接受的程度"。① 特别是面对当前数据急剧增长、信息频繁更替的复杂环境，更需要对高校思想政治教育信息进行深入考察。

高校思想政治教育传播作为一种特殊的教育传播活动，其信息内容除了具有可转换性、可传递性、可再生性、可创造性等一般特征外，还有着独特的品质，具体表现在以下四个方面。

第一，强烈的阶级性。阶级性是思想政治教育信息的根本属性。思想政治教育传播作为意识形态领域的社会实践活动，必然与一定的政治经济制度相联系，与一定的社会生产水平相适应，其根本目的就在于巩固统治阶级地位和维持社会稳定。那么，传播者总是会用占统治地位的意识形态影响社会成员，使他们的思想政治品德符合统治阶级的意志，而思想政治教育信息也必然体现统治阶级的政治意图和价值追求，不可避免地被打上阶级的烙印。我国是中国共产党领导下的社会主义国家，中国共产党始终代表着无产阶级和广大人民的根本利益，坚持为人民服务，这势必要求高校思想政治教育传播者旗帜鲜明地坚持马克思主义理论指导，宣传无产阶级的思想观念、政治观点、道德规范，培育和践行社会主义核心价值观，保障马克思主义意识形态在高校的主导地位和话语权。列宁曾指出，"在任何学校里，最重要的是课程的思想政治方向"②，并强调"在各方面的教育工作中，我们都不能抱着教育不问政治的旧观点，不能让教育工作不联系政治"。③ 因此，在确立高校思想政治教育信息时，必须坚持以马克思主义为指导，坚持社会主义的政治方向，坚持爱国主义、集体主义、社会主义的主旋律，不断将马克思主义中国化的最新理论成果和新时代中国特色社会主义伟大实践成就融入思想政治教育信息，从而持续讲好新时代中国故事，帮助青年大学生坚定"四个自信"。

第二，显著的科学性。思想政治教育信息的科学性主要源于指导思想

① 邵培仁：《传播学》（第三版），高等教育出版社，2015，第151页。
② 《列宁全集》第45卷，人民出版社，1990，第249页。
③ 《列宁选集》第4卷，人民出版社，1995，第302页。

的科学性、信息内容的真理性以及信息建构的有效性。首先，马克思主义作为党的指导思想是思想政治教育信息的理论基础，它既正确反映了自然界、人类社会和人的思维发展的普遍规律，又集中体现着无产阶级的根本利益，是科学性和价值性相统一的思想理论体系。诚如恩格斯所说："我们党有个很大的优点，就是有一个新的科学的观点作为理论的基础。"① 邓小平也指出："我坚信，世界上赞成马克思主义的人会多起来的，因为马克思主义是科学。"② 因此，高校思想政治教育信息既包含了马克思主义世界观和方法论的基本原理，又涵盖了马克思主义中国化的重要观点。其次，高校思想政治教育信息充分吸收和借鉴了哲学、传播学、教育学、社会学、历史学、政治学、管理学、心理学等多门学科的最新成果，具有宽广的视野和丰富的思想，有效防止了信息的局限化和片面化。最后，对信息的有效建构也是思想政治教育信息科学性的重要表现。在高校思想政治教育传播过程中，教育信息的产生与传递不是自发的，而是传播者根据大学生的思想特点和接受能力来科学选择和精心设计的，并会随着信息接受情况灵活调整教育信息的深度、广度、进度和强度，以保证受众对思想政治教育信息的有效接受。

第三，鲜明的时代性。马克思、恩格斯曾指出："人们的观念、观点和概念，一句话，人们的意识，随着人们的生活条件、人们的社会关系、人们的社会存在的改变而改变"③ "每一个时代的理论思维，从而我们时代的理论思维，都是一种历史的产物，它在不同的时代具有完全不同的形式，同时具有完全不同的内容。"④ 因此，随着时代变化而不断发展的思想政治教育信息，必然体现着时代的特征和风貌，富有现实性和针对性。一方面，高校思想政治教育传播者深刻把握时代主题，积极回应时代问题，坚持在现实社会环境中挖掘、提炼鲜活的信息资源，学习和吸纳世界先进的知识

---

① 《马克思恩格斯文集》第 2 卷，人民出版社，2009，第 599 页。
② 《邓小平文选》第 3 卷，人民出版社，1993，第 382 页。
③ 《马克思恩格斯选集》第 1 卷，人民出版社，1995，第 291 页。
④ 《马克思恩格斯选集》第 4 卷，人民出版社，1995，第 284 页。

和观念，使思想政治教育信息具有时代性和前瞻性，不断适应经济全球化、社会信息化、文化多样化的发展。例如，在新时代，高校思想政治教育信息始终坚持以习近平新时代中国特色社会主义思想为指引，涵盖中国梦、社会主义核心价值观、中华民族共同体意识、中国共产党人精神谱系、人类命运共同体构建等多方面的内容。另一方面，高校传播者敏锐关注大学生的现实生活，有效针对大学生思想发展的特点和规律不断丰富和更新思想政治教育信息和话语，避免大话、空话、套话，力求现实化、现代化、生活化。例如，在信息内容上，更注重大学生民主法治意识、创新创业意识、生态文明意识的提升；在话语表达上，更善用青年们熟悉的时尚话语、形象话语、趣味话语作为信息交流和思想沟通的重要载体，以更好地融入青年。总之，高校思想政治教育传播者始终投身伟大的社会实践，坚持用时代的要求研究思想政治教育信息，用发展的眼光审视思想政治教育信息，用改革的精神建构思想政治教育信息，使高校思想政治教育信息反映时代面貌、体现时代特点，富有时代感和现实性。

第四，相对的稳定性。尽管思想政治教育信息会依据社会形势的变化和大学生受众特点的差异作出适当调整，但高校思想政治教育信息始终包含不易为外界环境影响而改变的基本原理、价值标准和道德规范，呈现稳定性、一贯性和连续性。一方面，高校思想政治教育信息立足中华民族根基，植根民族文化沃土，承续了民族传统中的"公忠、正义、仁爱、中和；孝慈、宽恕、谦敬、诚信、礼让；自强、持节、明智、知耻；勇敢、节制、廉洁、勤俭、爱物"① 等优秀文化和精神财富，具有丰厚的历史文化底蕴。另一方面，高校思想政治教育信息坚持以社会主义核心价值观为主导，倡导富强、民主、文明、和谐，倡导自由、平等、公正、法治，倡导爱国、敬业、诚信、友善，从国家、社会、个人三个层面构建起思想政治教育信息的重要内核。

总之，高校思想政治教育信息具有阶级性、科学性、时代性、稳定性

---

① 罗国杰：《中国传统道德·规范卷》，中国人民大学出版社，1995，第 14 页。

等特征。在新时代，各方面信息还体现出系统整体性。其中，"习近平新时代中国特色社会主义思想教育是主导，理想信念教育是核心，社会主义核心价值观教育是根本，'四史'和形势政策教育是基础，社会主义法治教育是关键，防范化解重大风险宣传教育是保障。这六个方面的教育内容既各有侧重，又相互关联，它们彼此渗透、功能互补，形成一个逻辑严密的整体"。①

四 高校思想政治教育传播媒介

媒介是高校思想政治教育传播过程中用于传递信息和接收信息的手段和载体。没有媒介，思想政治教育信息就无所依附、无从传播。从早期的高校校报、高校广播、高校电视等传统媒体，到如今基于数字技术和网络技术的校园新闻网、高校官方微博、微信公众订阅号、客户端等新兴媒体，都在高校思想政治教育传播过程中发挥着重要的作用。

（一）高校思想政治教育传播媒介的传统形态

传统媒介是相对于新兴网络媒介而言的。在高校中，用于思想政治教育传播的传统媒介主要指高校校报、高校广播、高校电视等。

1. 高校校报

高校校报作为高校思想政治教育传播的媒介有着较长的历史。最早的校园报刊可追溯到 1897 年长沙校经书院创办的院报《湘学新报》，这是目前有案可查的近代中国的第一份中文校园报刊。② 自诞生之日起，高校校报就自觉承担起传播先进知识、弘扬创新精神的重任，为高校的发展和人才的培养提供了重要支持。其中，《北京大学日刊》在 1917 年创刊后，陆续刊登了蔡元培的《黑暗与光明的消长》、李大钊的《庶民的胜利》以及毛泽东的《问题研究会章程》等文章，一度成为新文化运动在校园内的重要阵地。新中国成立后，高校校报发展迅猛，不仅在办报的数量、质量、体制和机

---

① 熊建生、郭榆：《新时代思想政治教育内容建设的新要求》，《思想教育研究》2022 年第 3 期。
② 魏国英、方延明：《中国高校校报史略》，北京大学出版社，2010，第 3 页。

制等方面逐步提升和完善，而且在舆论引导、信息交流、人才培育等方面发挥积极作用，是在高校开展思想政治教育和舆论宣传的重要阵地。2005年，教育部印发了《关于进一步加强和改进高等学校校报工作的若干意见》，明确指出校报是高校校园内占主导地位的媒体，在宣传马克思主义、巩固马克思主义在意识形态领域的指导地位方面具有不可替代的作用。尽管当下高校校报的发展受到新媒体的冲击，但是它凭借携带便捷、可控性强、公信力高的特性，在校园中依旧深得广大师生的喜爱。同时，高校校报不断借鉴其他媒体的传播方式来使思想政治教育信息得到多角度、全方位的呈现，例如增加摄影报道的分量、刊登漫画、开发校报的电子版和网络版，从而满足高校师生对思想政治教育信息多样化、个性化的需求。

2. 高校广播

高校广播以声音为介质进行传播，是能解放眼睛而实现传播目的的媒介。与高校校报相比，高校广播的传播速度更快、传播范围更广，尤其是当有重大事件或突发情况出现时，它能够及时告知事件进展状况或进行舆论引导，十分方便快捷。同时，高校广播往往采用事先录播、即时直播与同时转播三种形式，及时报道学校改革发展的新举措，积极宣传校园师生的优秀典型，热切关注社会的热点焦点问题，满足广大师生在信息获取、情感交流上的需求，能够对大学生日常学习和生活产生潜移默化的影响。此外，高校广播在传递思想政治教育信息的同时，还可以实现寓教于乐，使听众在互动中得到思想上的启迪和情操上的陶冶，总之，高校广播因其特有的生动性、感染力、动情效果能激起听者内心共鸣，产生情感与情绪爆发力，实现以声动人的传播效果[①]，往往被誉为传播思想政治教育信息的空中课堂，是高校思想政治教育信息传播的良好渠道。

3. 高校电视

高校电视在高校思想政治教育传播媒介中也占据一席之地。自20世纪70年代起，电视逐步成为人们获知信息、感知世界的重要渠道，至今仍是

---

① 李端生：《象牙塔内的信息流动：四大媒介在我国高校传播现状透析》，光明日报出版社，2008，第263页。

人们日常生活中所不可或缺的部分。1989 年 10 月，北京大学正式创办自己的校园电视台；1990 年，清华大学电视台正式成立。由此拉开了全国高校创办电视媒体的序幕，各大高校陆续建立自己的校园电视媒体，自办电视节目。因此，电视媒体逐步走进了大学生的课堂、餐厅以及宿舍，承担起传播新闻、反映舆情、提供娱乐的使命。尽管高校电视这一传播媒介的起步晚于高校校报和高校广播，但是其在传播思想政治教育信息时的优势是显而易见的。通过高校电视媒体，思想政治教育信息不再是抽象、枯燥的道理，而是通过声音、图像、动画等多种形式被生动直观地呈现出来，这种视、听兼备的特点决定了高校电视能够深入大学生的心灵、引起情感上的共鸣。特别是高校往往对校园电视进行收视控制和频道预设，使蕴藏思想政治教育信息的专家讲座、名人演讲、专题纪录片滚动播出。在这种氛围下，大学生更容易接受信息并形成良好的行为规范。

总之，高校各类传统媒体在大学生思想政治教育中扮演重要角色。在经过长时间的历史积淀与实践检验后，它们逐步拥有强大的内容生产力，能够投入相当大的精力进行充分的采访、调研，从而做出更全面深刻的新闻报道，在思想政治教育传播中树立权威与公信，形成品牌优势。特别是一些高校的报纸、广播、电视普遍采用自办同名网站的方式，实现传统媒体向新兴传播领域的延伸，这有助于提高自身在思想政治教育信息传播中的吸引力和竞争力。但值得注意的是，当前高校内的传统媒体在进行思想政治教育时存在一定的局限性。例如，高校校报新闻的时效性不强、更新缓慢、读者数量较少、吸引力渐弱；高校广播的思想政治教育功能逐步减弱，一些高校设立广播站的目的只是活跃校园文化气氛，校园的扩建容易带来广播节目接收的盲区；许多高校并没有自办的电视新闻节目，即便有，质量也不高、内容形式单一，还不能担负起高校进行思想政治教育传播的使命。这些都要求传统媒体在今后借助新媒体积极转型，在巩固完善自身传统优势的同时，努力提升核心竞争力。唯有如此，才能在新的传播格局中握有主导权和立于不败之地。

（二）高校思想政治教育传播媒介的新兴形态

电子媒介的普及逐步改变了高校信息传播的格局，影响了原本平衡的媒介环境。大学生们日益被各种新媒体包围，校园新闻网、微博、微信、客户端等毋庸置疑地成为高校思想政治教育传播的新手段。

1. 校园新闻网

校园新闻网是高校党委宣传部领导下的以报道校园新闻、开展舆论宣传、发布信息公告、服务广大师生为宗旨的综合性网站，一般设置了"专题新闻""校园生活""媒体高校""人物访谈"等板块，可以生动全面地展现校园动态。以北京大学新闻网为例，该网站开辟了"新闻纵横""专题热点""视听空间""领导活动""学术科研""北大人物""媒体北大"等多个板块，既对北大重大动态和活动进行全面报道，又对热点新闻事件进行专题展示；既密切追踪北大最新学术科研成果，又生动展示北大人的成就与风采，成为北京大学开展新闻宣传和进行舆论引导的重要载体。从整体上看，高校新闻网较其他一般性新闻网站更具有权威性、学术性和教育性，能够很好地将思想政治教育信息融入栏目策划，营造出健康向上的校园舆论环境，是高校思想政治教育的新阵地、学校形象塑造的新渠道、校园文化建设的新平台，起到宣传引导、示范教育、舆论监督、凝聚人心的良好作用。

2. 微博

微博（Microblog），即微型博客，是一个基于网络用户关系实现简短信息实时分享、传递、获取的社交平台。因其信息内容的精简化、操作方式的多样化以及信息交流的即时化等，微博深受大学生群体的青睐。微博大浪智库发布的《2023微博年轻用户发展报告》显示，微博月活用户达6.05亿，其中16—22岁用户超过1.3亿，而且年轻用户活跃度高，特别是19—22岁的大学生人均日使用时长较长。由此可见，大学生是微博的主力用户，微博已经成为青年大学生网络生活的主战场。因此，为了提升思想政治教育传播的效果，越来越多的高校机构、校长、教授开设微博，将其作为信息平等交流、思想及时沟通和资讯频繁互动的平台，逐步构筑起由官方微博、院系微博以及专家学者微博组成的微博矩阵，共同打造具有影响力的网络思想政治教育阵地。一方面，利用官方微博及时发布权威消息，进行言论疏导，占领校园网络舆论的制高点；另一方面，积极设置议题，对学生感兴趣的话题或者社会热点问题进行转发与评论，营造共同讨论的良好氛围，集聚关注并引起共鸣，从而将思想政治教育信息寓于对话中，在对话中引领舆论，有效实现进行思想政治教育的目的。

3. 微信

微信（WeChat）是一款提供即时通信服务的免费软件，打造出一个即时分享文字、图片、视频、音乐的社交平台。微信公众平台和朋友圈能够很好满足人们分享信息和交流的需求，大家在这里"晒观点""晒情绪"，不断提高彼此之间的联系和认同；而"扫一扫""搜一搜""看一看""听一听"等功能，则大大拓展了人们的交往范围和认知边界，能够为精神共鸣提供一个良好的平台。早在 2015 年发布的《微信平台首份数据研究报告》显示，18—25 岁的青年大学生是微信的最大用户群体，比例高达 45.4%，每天打开微信 10 次以上的用户达到 55.2%。可见，当代大学生是名副其实的"微信控"，拿手机刷微信页面或者查看朋友圈动态已经成为生活常态。当然，微信在为大学生提供沟通交流的便捷方式的同时，为高校思想政治教育提供了一个更为开放的平台。一方面，大多数高校已经建立了微信公众平台，例如官方微信，以及校务机构（团委、学生处、招生办）、学生组织（学生会、社团）等开设的微信公众号。高校能够利用这些微信公众号的消息推送功能，充当起"把关人"的角色，对关注者进行"点对点"的信息推送。另一方面，高校的专任教师、辅导员、班主任等传播者能够通过微信与大学生建立起"强关系"，增强思想政治教育信息的可信度和接受度。微信中的好友与手机通讯录、QQ 通讯录中的朋友具有很高的重合度，其互动关系是建立在熟人关系上的亲密关系，因此，与微博相比，微信用户之间的信息传播更加私密、黏合度和信任度更高，容易获得大学生的认同。总之，微信已经成为高校进行思想政治教育传播的重要平台，有助于高校为大学生提供更加精细化、个性化的信息和服务。

4. 客户端

客户端（Client）是指与服务器相对应、为客户提供本地服务的程序，又称用户端。随着移动互联网技术的深入发展，客户端越来越为大家熟悉和应用，给人们带来前所未有的交互体验。特别是对于青年大学生这些"数字原住民"来说，客户端已经全方位嵌入日常的学习和生活，引发了思想观念和生存方式上的深刻变革。

第一，客户端影响大学生的思想行为。在移动互联网时代，客户端特别是移动客户端带来的不只是技术上的革命，更是一次世界观的变革，改变着大学生的思维方式和行为习惯。美国著名心理学家和教育学家霍华德·加德纳等曾指出：当今的青年学生是"App 一代"，他们"不仅沉浸在 App 里，而且把整个世界认为是 App 的组合，把自己的生命看作是一系列有序 App 的集合，又或者在很多情况下，是一个单一的、延展的、从摇篮到坟墓的超级 App"。[①] 也就是说，他们认为：无处不在、无所不能的客户端正是对现实世界的压缩和凝聚，任何想要的事情都能由客户端迅速且愉快地完成；一些客户端即使尚不存在，也终会被设计出来。事实上，从早起的"旋转时钟""今日头条"到睡前的"睡眠助手""荔枝 FM"，从课间的"超级课程表""我要当学霸"到课外的"高校活动社""兼职猫"，大学生的日常生活已经被系列便捷高效的客户端所淹没，大学生对它们产生强烈的依赖性。

第二，客户端满足大学生的学习需求。例如，安装在电子移动设备中的客户端，能够充分利用各种时机和场合推送模块化、情景化、趣味化的信息，为大学生创设出无处不在的学习环境，彻底打破了传统课堂对大学生学习时间、地点、形式的限制。此外，客户端的使用赋予大学生学习的自主权利，使其可以根据自身的习惯、兴趣和特点，灵活选择学习内容、

---

① Howard Gardner and Katie Davis, *The App Generation: How Today's Youth Navigate Identity, Intimacy, and Imagination in a Digital World* (New Haven and London: Yale University Press, 2013), p. 7.

控制学习进度，并通过批判性提问、探究式求证和应用化取舍来解决学习中的实际问题。这种以客户端为载体的移动化、即时化的学习方式，满足了大学生自主学习、情境学习、终身学习的多元需求，有利于大学生独立个性的发展和创造性思维的培养，从而不断推动以大学生为中心的学习范式的实现。

第三，客户端参与大学生的身份建构。每个大学生都是独特的个体，手机屏幕上布满的新奇有趣、功能各异的客户端正是大学生追求个性、表达自我的一种方式，也是其性格特点、兴趣爱好、生活习惯的重要呈现。当代大学生除了喜欢 QQ、微信、淘宝那些普遍的应用软件外，还对"单读""火柴盒""世界迷雾""指尖心率"等小众非主流的 App 情有独钟，以彰显个性、凸显品位、尊崇自由。无论应用程序多么奇特，大学生都能从中结识身份相仿、思想相融、需求相通的伙伴，并在交流互动中建立起亲密关系，增强归属感，形成共同体。因此，客户端已经渗透大学生对身份的思考和探究，不仅帮助大学生确立和完善自我认同，而且促进其获得与深化群体认同。

第四，客户端充实大学生的碎片时间。客户端的简单便捷使大学生生活中的零散、没有规律的碎片时间得到最大化利用。无论是在乘车途中还是在排队等待时，大学生只需要指尖的瞬间点击即可进入程序，分秒之间便可以写一封邮件、看一则新闻、玩一局游戏、发一条评论。这种完全简化的信息获取、交流路径，给大学生的生活带来愉快体验和更多便利。

因此，客户端不仅具有成为大学生思想政治教育传播媒介的基本条件，而且拥有鲜明特征和显著优势，我们将客户端作为大学生思想政治教育传播的新载体刻不容缓。

首先，客户端能够有效融合多种媒介，实现资源的深度挖掘与集聚。一方面，电视、广播、报纸、杂志等传统媒体以及搜索引擎、社交网站、电话通信等新媒体都把移动客户端作为其向移动互联网延伸和发展的重要渠道和平台，它们通过研发基于用户体验的各类应用程序来实现传统媒体的转型和新旧媒体的融合，给大学生思想政治教育带来一种全新的媒介应用方式。另一方面，客户端是一个兼容性极强的容器，文字、图片、音频、视频等海量资源都被聚合在其简约的方形图标之下，并通过链接实现对分散信息的关联与整合，使大学生思想政治教育内容和形式丰富多样，达到"图、文、声、像"并茂。可以说，客户端是包含多种媒介形式的复合媒体，拥有强大的承载力和整合力。

其次，客户端与大数据技术紧密联系，可以促进信息的个性定制与服务。每一个客户端背后都有大数据和云计算的支撑，用于采集用户信息、存储使用记录、发现兴趣爱好，从而生成个性化内容满足用户需求。例如，"今日头条"能够精准推送大学生喜爱的新闻资讯；"乐动力"能够为大学生量身定制科学的运动目标。因此，将客户端作为大学生思想政治教育传播媒介，能够使思想政治教育者利用海量数据分析预测大学生的思想行为，关注每个对象的个性差异和不同需求，实现精细化服务。随着客户端中大学生用户规模的扩大与数据信息的丰富，建立在大数据分析之上的预测必定愈加精准，服务也趋于完善，进而吸引更多的大学生使用客户端，形成良性循环。

最后，客户端具备极强的交互性，利于主体间的多向交流与互动。除了设计精美简洁的应用程序图标能第一时间激发大学生的兴趣和积极性外，客户端所具有的社交分享功能为大学生提供了交往互动、交流对话的开放空间。一方面，大学生把客户端作为其表达思想、抒发情感的自由平台，在客户端上能够随时随地对自己关心的话题进行点赞、评论与转发；另一方面，思想政治教育者可以借助客户端中的不同社区、圈子、群聊参与到大学生的日常生活中去，从中获得与大学生互动的话语、主题和素材，在最佳时机通过文字、图片、视频以及语音等方式与大学生展开即时交流，或进行一对一的深入沟通。因此，客户端是思想政治教育主体间信息交换、思想交汇、情感交流的重要中介，推动大学生思想政治教育由单向灌输向交互合作转变、由静态分离向动态参与过渡。但是，目前思想政治教育客户端的开发仍须进一步提升，迫切需要高校思想政治教育传播者加大研发力度、注重价值渗透、满足内在需求、增强用户黏性，以赋予思想政治教育客户端强大的生命力，发挥其在价值引导和共识凝聚上的重要作用。

总之，随着互联网的深入发展以及新媒体的勃兴，高校思想政治教育传播媒介的格局发生了深刻变化，特别是给传统媒体带来巨大冲击，例如受众迁移、传统媒体影响力被稀释。那么，传统媒体会因此而被新兴媒体完全取代吗？传统媒体会因此而消亡吗？如果不会，传统媒体又该何去何从？新媒体和传统媒体之间的界限会如何？未来媒体发展的趋向在哪里？这都是我们在进行高校思想政治教育传播时应该认真思考的问题。从历史的角度看，尽管新媒体的性能和效益大大超越了传统媒体，但是新媒体的崛起绝不是传统媒体的丧钟，因为每一种新的媒体都是对原有媒体的叠加式发展，"事实上，整个人类传播活动的历史，都可视为这样一种新兴媒介叠加而非取代既有媒介的复线发展过程"。[1] 因此，高校中的新媒体与传统媒体将长期共存、共同发展，融合是大势所趋。

2014 年，中央全面深化改革领导小组第四次会议审议通过了《关于推动传统媒体和新兴媒体融合发展的指导意见》，强调要"强化互联网思维，坚持正确方向和舆论导向、坚持统筹协调、坚持创新发展、坚持一体化发展、坚持先进技术为支撑"[2]，以更好地传播党和政府的声音、满足人民群众的信息需求。2020 年，中共中央办公厅、国务院办公厅印发了《关于加快推进媒体深度融合发展的意见》，进一步强调要"推动传统媒体和新兴媒体在体制机制、政策措施、流程管理、人才技术等方面加快融合步伐，尽快建成一批具有强大影响力和竞争力的新型主流媒体，逐步构建网上网下一体、内宣外宣联动的主流舆论格局，建立以内容建设为根本、先进技术为支撑、创新管理为保障的全媒体传播体系"[3]。这些文件

---

① 李彬:《传播学引论》，新华出版社，2003，第 12 页。
② 《推动主流媒体在融合发展之路上走稳走快走好》，《人民日报》2014 年 8 月 21 日，第 4 版。
③ 《中共中央办公厅 国务院办公厅印发〈关于加快推进媒体深度融合发展的意见〉》，新华网，http://www.xinhuanet.com/politics/2020-09/26/c_1126542716.htm，最后访问日期：2025 年 4 月 14 日。

等为高校推动思想政治教育传播媒介的融合发展提供了明确指导和基本遵循。

第三节　高校思想政治教育传播的主要途径

在高校思想政治教育传播中，除了有开会、报告、演讲等传播途径外，更主要的是依靠课堂教学和大众媒介来进行教育信息的传播。

一　课堂教学传播

课堂教学是高校思想政治教育传播的基本途径和方式。在传统的思想政治教育模式下，思想政治教育信息的课堂传递主要依靠言传口授、纸质图书以及黑板板书；而随着现代教育技术的发展，多媒体日益成为核心的教学手段。教师能够运用声音、图形、图表、动画等多种形式使思想政治教育信息图文并茂、声情融会地呈现出来，使之更具有生动性和感染力。

在我国高校，思想政治理论课一直承担着马克思主义理论传播的重要任务。2005年3月，中央宣传部、教育部颁发了《关于进一步加强和改进高校思想政治理论课的意见》，把"马克思主义基本原理""毛泽东思想、邓小平理论和'三个代表'重要思想概论""中国近现代史纲要""思想道德修养与法律基础"4门课程规定为高校本科生的必修课，同时开设"形势与政策"课，从而形成了结构合理、功能互补的马克思主义理论教育和思想品德教育的课程传播体系。其后，为了进一步加强对高校思想政治理论课的宏观指导，以及规范组织管理、教学管理、队伍管理和学科建设，教育部分别于2011年、2015年和2021年印发了《高等学校思想政治理论课建设标准（暂行）》《高等学校思想政治理论课建设标准》以及《高等学校思想政治理论课建设标准（2021年本）》，从而为新时代高校思政课建设提供了重要遵循、指明了方向。未来"不管思想政治教育课程形式怎样变化、内容如何增添或删减，思想政治教育课程的主题始终具有统一的'灵魂'和'精神'"，"它们都围绕着中国特色社会主义建设进程中党和国家的思想政治教育任务、围绕着人的全面发展的主题展开"①，是开展大学生思想政治教育的主渠道和主阵地。

除了专门的思想政治教育理论课外，一般的课程教学也是思想政治教育传播的重要渠道。因为课程从来不是中立的，而是负载价值的，总是反映着社会主流意识形态。任何课程知识的选择、课程知识的传递、课程知识的评价，都体现一定阶层的意志和利益，受到一定社会权力的制约和影响。有学者就指出："在现实的教育实践当中，课程知识的形成过程并非风平浪静，而是充满着各种矛盾和冲突。不管是课程政策的制定，还是教学计划或培养方案的制定或修订；不管是课程结构和类型（如基础课和专业课、理论课和实验课）的设计和改革，还是单门课程的设计和实施；也不管是每门课程的教学设计，还是每一次具体的课堂教学，整个课程过程的各个环节均存在着各种各样的矛盾和冲突。作为最终以'完成时'出现的现实课程往往都是不同利益相关者之间彼此暂时的妥协、让步和斗争的结果。"② 也就是说，占据主导地位的意识形态能够对课程知识的生成及选择实现控制与渗透。

在我国，马克思主义在意识形态领域占据着主导地位。那么，课程知识的选择与传播必然要秉承马克思主义意识形态观念，始终受其指引，并为之服务，才能更好地守好高校意识形态阵地。对此，习近平总书记在全国高校思想政治工作会议上特别强调："要用好课堂教学这个主渠道，思想政治理论课要坚持在改进中加强，提升思想政治教育亲和力和针对性，满足学生成长发展需求和期待，其他各门课都要守好一段渠、种好责任田，使各类课程与思想政治理论课同向同行，形成协同效应"③，以更好地将学科资源、学术资源转化为育人资源，实现"知识传授"与"价值引领"的有机统一。同时，要"把思政小课堂与社会大课堂结合起来"，"在大中小

---

① 宇文利：《现代思想政治教育课程论》，北京大学出版社，2012，第164页。
② 李庆丰：《大学课程知识选择的实践逻辑研究》，北京师范大学出版社，2014，第4—5页。
③ 《习近平：把思想政治工作贯穿教育教学全过程 开创我国高等教育事业发展新局面》，《人民日报》2016年12月9日，第1版。

学循序渐进、螺旋上升地开设思想政治理论课"，"统筹推进大中小学思政课一体化建设"①，从而将思想政治工作贯穿教育教学全过程，实现全程育人、全方位育人。

总之，课堂教学是高校思想政治教育传播的重要渠道，贯穿高校思想政治教育传播历史的始终。在课堂教学传播中，既要传递思想政治教育的知识，也要陶冶大学生的情操；既要锻炼大学生的思维，也要影响他们的行为。另外，要特别注重发挥教师言传身教的巨大作用，因为语言是知识的载体，是思想的外壳，教师的一个音调、一个词语、一个隐喻都能对大学生思想政治教育信息的接受带来潜移默化的影响；而教师的榜样示范，则能够使思想政治教育信息的传受双方在面对面即时互动交流中，带来身体感官信息的积极传播与良性互动，促进大学生对思想政治教育信息的有效接受。

二　大众媒介传播

媒介是传播发展的根本力量。每一次飞跃，都极大地提高了人类信息传播的能力。在我国高校，思想政治教育信息传播的大众媒介经历了从高校校报、高校广播、高校电视到校园新闻网、微博、微信、客户端的跨越式发展。

大众媒介之所以能够成为高校思想政治教育传播的重要渠道，主要是因为它不只是单纯的信息传递工具，更是一定阶级的思想、态度和信仰的载体。美国传播学家阿特休尔曾一针见血地指出："在所有的新闻体系中，新闻媒介都是掌握政治和经济权力者的代言人。因此，报刊和广播电视并不是独立的媒介，它们只是潜在地发挥独立作用。"② 英国学者戴维·巴勒特也认为，传播媒介在同国家的关系中，既不是"无冕之王"，也不是"平等伙伴"，更不是"可恶的对手"，它们"正像一个受到信赖的囚犯，良好

---

① 习近平：《思政课是落实立德树人根本任务的关键课程》，《求是》2020年第17期。
② 〔美〕J. 赫伯特·阿特休尔：《权力的媒介》，黄煜等译，华夏出版社，1989，第336页。

的表现可以赢得某种特权，但被关押仍然是不可抹杀的事实"。① 也就是说，大众传播媒介在任何社会都不是放任自流的，而是受到特定经济政治制度的制约，是统治阶级实现阶级统治的重要手段，具有引导社会舆论、监视环境、整合社会和维系传统的功用。

在我国，社会主义的国家性质自然决定了高校传播媒介的阶级属性——党性和人民性的高度统一，即传播媒介必须接受中国共产党在思想和组织上的领导，为人民的根本利益服务；必须坚持以马克思主义的基本原理、社会主义的意识形态和价值体系来宣传、动员、组织和教育人民群众，不断满足广大群众的愿望与需求。因此，我国高校的传播媒介是沟通的重要桥梁，能够通过议程设置的方式建构大学生的思想意识、规范大学生的行为习惯，具有巨大的思想政治教育作用。

第一，灌输功能。高校传播媒介具有覆盖面广、信息量大、告知性强的良好特点，有助于大学生在耳濡目染中主动获取、认知、选择与吸收思想政治教育信息，使其提升马克思主义理论知识和修养。同时，高校传播媒介坚持以科学的理论武装人，加强对思想政治教育信息的正确解读、深度分析、追踪报道，有助于大学生科学认识中国特色社会主义制度与道路、肃清错误意识的不良影响，使其自觉将马克思主义的思想意识观念内化于心、外化于行，升华为自身的价值追求和自觉行动，从而形成良好的思维品质和行为习惯。

第二，导向功能。高校传播媒介在中国共产党的领导下始终坚持正面宣传的方针，弘扬主旋律、传播正能量，不断以正确的舆论引导人、鼓舞人和激励人。一方面，高校不断强化校园传播媒介的社会责任和担当意识，坚定宣传党的理论、路线、方针和政策，积极报道校内师生的先进典型和感人事迹，鲜明有力地把党和政府的声音传播好，把社会进步的主流展示好，把大学生的心声反映好，牢牢掌握舆论的主导权、主动权和话语权。另一方面，积极展开有理有利有节的舆论斗争。在面对事关大是大非和政

---

① 〔英〕戴维·巴勒特：《媒介社会学》，赵伯英等译，社会科学文献出版社，1989，第70页。

治原则的问题时，高校传播媒介始终坚持正确的政治立场、表示明确的态度、表达鲜明的观点，敢于划清是非界限、勇于澄清模糊认识，以巩固马克思主义在意识形态领域的指导地位，积极引导大学生将人生追求与国家前途、民族命运紧密联系在一起，并在尽责集体、服务社会、贡献国家中实现人生理想和价值。

第三，沟通功能。在国际国内形势深刻变化、社会舆论格局深刻调整的新形势下，高校传播媒介能够疏通大学生受众的思想情感、调节受众间的利益关系、促进思想的统一和力量的凝聚，从而发挥出沟通协调功能。一方面，高校传播媒介是连接传播者和受众的重要中介，为进行信息交换、思想交汇、情感交流提供了良好的平台和渠道，促使人们畅所欲言，增进不同利益群体间的相互了解和沟通，形成广泛共识，缩小乃至消除分歧；另一方面，针对高校内存在的疑点、难点和热点问题，高校传播媒介有意识、有目的地进行正面宣传引导和负面教育警示，从而把有偏差的思想和言论引向正确、健康的轨道。其实，我国的社会主义性质已经决定了广大人民群众的根本利益的一致性。毛泽东同志曾指出："凡属于思想性质的问题，凡属于人民内部的争论问题，只能用民主的方法去解决，只能用讨论的方法、批评的方法、说服教育的方法去解决，而不能用强制的、压服的方法去解决。"① 因此，校园传播媒介在沟通协调各类关系中起到巨大的作用。

第四，育人功能。高校传播媒介作为党和政府的喉舌和耳目，还承担着为国家培育社会主义接班人的重要职责，即通过宣传政党政策、表达政治意见，影响大学生个体政治知识的获取、政治态度的形成和改变、政治技能的强化和政治行为模式的取向，从而促进大学生更好地、更快地适应社会，扮演政治角色；同时，可以实现社会政治文化的传承和创新，维持政治系统的有序运行。沙莲香曾指出："通过大众传播把文化传递给下一代，并不断教育离开了学校的成年人、社会成员共享同一的价值观、社会

---

① 《毛泽东文集》第 7 卷，人民出版社，1999，第 209 页。

规范和社会文化遗产。也可以说，这是一种教育功能，即让一代代人在社会化过程中学习、认同社会传统、社会经验和社会知识。"① 尽管新媒体的迅速发展使传播形式和内容变得多样化和复杂化，但高校传播媒介依旧肩负着宣传者、教育者和引导者的重要使命，并在传承政治文化、习得政治知识、塑造政治人格、构建政治价值等方面发挥着重要作用，始终致力于培育和塑造满足社会需要的政治人，是高校思想政治教育传播的重要渠道和途径。

---

① 沙莲香：《传播学：以人为主体的图像世界之谜》，中国人民大学出版社，1990，第168页。

第二章 高校思想政治教育传播历史

习近平总书记指出："历史是最好的教科书，一切向前走，都不能忘记走过的路；走得再远、走到再光辉的未来，也不能忘记走过的过去。当前，世界百年未有之大变局加速演进，中华民族伟大复兴进入关键时期，我们更需要以史为鉴、察往知来。"① 英国历史学家卡尔也指出："历史是一个社会进程。……只有借助于现在，我们才能理解过去；也只有借助于过去，我们才能充分理解现在。使人理解过去的社会，使人增加掌握现在社会的能力，这就是历史的双重作用。"② 因此，追溯高校思想政治教育传播发展的历史轨迹，能够为我们今天更深入研究高校思想政治教育传播问题提供镜鉴，提升新时代贯彻落实立德树人根本任务的自觉性。

第一节 高校思想政治教育传播历程

从总体上看，高校思想政治教育传播是以中国共产党的历史发展为背景、以高校思想政治教育传播活动为主线来展开的，历经了新中国成立前积极开展、新中国成立后曲折发展以及新时代深化拓展三个阶段。

一 新中国成立前高校思想政治教育传播的积极开展

新中国成立前，中国共产党始终把高等学校作为意识形态工作的前沿

---

① 习近平：《在复兴之路上坚定前行——〈复兴文库〉序言（2022 年 9 月 20 日）》，《人民日报》2022 年 9 月 27 日，第 1 版。

② 〔英〕爱德华·霍列特·卡尔：《历史是什么?》，吴柱存译，商务印书馆，1981，第 57 页。

阵地，坚持不懈地在各高校的青年学生中进行马克思主义和无产阶级革命思想的传播与教育，从而为夺取新民主主义革命在全国的胜利提供了重要支持和帮助，为新中国成立后高校思想政治教育传播的顺利开展奠定了良好基础。

回顾历史，早在中国共产党成立之前，早期共产主义者就探索到了马克思主义这个新的认识工具和精神食粮，并把北京大学作为传播马克思主义思想的重要阵地。一方面，李大钊等人于 1920 年 3 月在北大秘密组织了马克思学说研究会，不仅组织青年学生对德文、英文、法文、日文各种文字的马克思主义著作进行了广泛搜集与编译，其中包括"康慕尼斯特丛书有十种，列宁丛书有十四种，马列主义丛书有十四种"[1]，而且积极开展讨论会和专题研究，举办讲演会和纪念会以强化马克思主义在高校的研究和传播。另一方面，李大钊等人勇敢地在旧中国高校的讲台上讲授辩证唯物主义和历史唯物主义的科学观点，公开传播马克思主义。例如，在北京大学史学系开设了"唯物史观研究""史学要论"，在经济系开设了"社会主义与社会运动"，在法律系开设了"社会主义史"等课程；同时，李大钊到其他一些学校（如北京女子高等师范、朝阳大学、中国大学等）讲授与马克思主义理论有关的课程[2]。通过大学讲坛，马克思主义在高校青年中得到广泛传播，高校掀起了一股自觉接受马克思主义教育的潮流。以邓中夏、罗章龙、朱务善为代表的先进青年争相传阅进步刊物，学习了解唯物史观、剩余价值理论等，在思想上迅速完成向马克思主义的转变，成为中国早期的马克思主义传播者和践行者。

1921 年 7 月，"在中国人民和中华民族的伟大觉醒中，在马克思列宁主义同中国工人运动的紧密结合中，中国共产党应运而生"。[3] 这是中华民族发展史上一个开天辟地的事件，也标志着高校思想政治教育传播进入了崭新的发展阶段。为了领导人民取得新民主主义革命的胜利，中国共产

---

[1] 罗章龙：《回忆北京大学马克思学说研究会》，《新文学史料》1979 年第 3 期。
[2] 宇文利：《现代思想政治教育课程论》，北京大学出版社，2012，第 68 页。
[3] 《习近平著作选读》第 2 卷，人民出版社，2023，第 477 页。

党继续发扬在高校传播马克思主义理论的优良传统，兴办了新型革命大学，使之成为该时期系统传播马克思主义和培养革命干部的专门场所，中国共产党创设出高校思想政治教育传播的良好环境和条件。早在1921年8月，毛泽东、何叔衡等人就在长沙创办了湖南自修大学，该学校成为中国共产党成立后最早开设的革命大学。随后，在第一次国共合作中创办了上海大学、黄埔军校；在土地革命时期、抗日战争全面爆发时期以及解放战争时期，陆续重点创办了中国工农红军大学、苏维埃大学、抗日军政大学、陕北公学、延安大学、鲁迅艺术学院、白求恩医科大学以及华北大学等一大批新型大学。这些高校在思想政治教育传播方面具有显著的特征。

（一）思想政治教育传播目标明确化

革命大学不同于一般的大学，而是为了培养革命急需的军政干部及其他战线的优秀人才而专门建立的短期培训学校。它们在进行思想政治教育传播时，更具有明确的目的性和指向性，注重用革命理论武装青年学生和工农干部的头脑，通过改造他们的思想，动员和组织他们投身革命事业。1921年8月，毛泽东在《湖南自修大学创立宣言》中明确提出，自修大学学生"不但修学，还要有向上的意思，养成健全的人格，涵涤不良的习惯，为革新社会的准备"。[①] 之后，在抗日军政大学第一期的开学典礼上，毛泽东更直接表明了创办抗大的目的，即"要继承黄埔的精神，要完成黄埔未完成的任务，要在第二次大革命中也成为主导的力量，即是要夺取中华民族的独立解放"[②]，体现出鲜明的阶级性、革命性和意识形态性。各革命大学虽然创办于中国革命发展的不同时期，但始终坚持高校教育与传播的正确方向，努力为民族解放培养出大批青年人才和优秀干部，使其在党的革命事业发展中发挥重要作用。

[①]　张允侯等：《五四时期的社团（一）》，生活·读书·新知三联书店，1979，第74页。

[②]　熊明安：《中国高等教育史》，重庆出版社，1983，第444页。

(二) 思想政治教育传播内容丰富化

革命大学始终坚守思想政治理论课主阵地，不仅系统传授马克思主义相关理论，而且特别注意根据变化了的革命形势与任务添补新的思想内容，形成了丰富的思想政治教育课程体系。例如，1922 年创办的上海大学，开设了"马克思主义哲学""资本论"等多门课程，其中蔡和森讲授了恩格斯的"家庭、私有制和国家的起源"，张太雷讲授列宁的"帝国主义论"，十分注重基础知识的训练和马克思主义理论教育。1924 年成立的黄埔军校则坚持军事与政治并重的教育方针，紧紧围绕反帝反封建的中心任务，为了提高革命觉悟、解决中国革命中的实际问题，积极传播社会主义和工农革命思想，主要开设了"帝国主义""国民革命概论""苏联研究""社会主义运动""中国社会组织""农村问题研究""农民运动""青年运动"等政治理论课程。在中华苏维埃共和国成立后，苏维埃大学、马克思共产主义大学以及红军大学等学校新增了"苏维埃工作理论""世界革命史""红军政治工作""游击战争"等课程，始终坚持教育为革命战争与阶级斗争服务的原则。到了抗战时期，抗日军政大学作为"革命熔炉"，更加注重马克思主义理论与中国实际问题的结合，把"马列主义基本原理""政治经济学""抗日民族统一战线""中国革命史""中国问题""民运工作""日本研究"等系列课程列为教育传播的主要科目，而且《实践论》《矛盾论》《中国革命战争的战略问题》等毛泽东的著作也成为当时思想政治教育课程学习中的重要文本。此外，在延安大学，思想政治理论课被称为"全校共同课"，延安大学要求各院系均须开设，占全部学时的 30%，授课中十分注重"将边区建设的方针政策和经验总结作为教学的重要内容，技术课以适应边区建设的当前需要为度。使教材内容充分体现理论和现实的统一。这样，同学们既能学到基本理论，又能知道现行政策和实际状况"。[①] 总之，这一时期高校思想政治教育传播坚持用马克思列宁主义和毛泽东思想教育学生，

① 曲士培：《中国大学教育发展史》，北京大学出版社，2006，第 322 页。

并且根据党的方针政策和革命形势灵活设置课程，形成了与中国革命实践问题紧密结合的丰富传播内容。

（三）思想政治教育传播方式多样化

在长期的革命斗争中，中国共产党除了利用课程教学这种典型的思想政治教育传播手段外，还善于利用多样的媒介形式在高校进行传播，从而使马克思主义和党的路线方针更加入耳、入脑、入心。一是利用党的先进组织和各种进步团体在高校青年学生中进行有领导、有秩序、有目的的思想政治教育传播。例如，黄埔军校成立了"火星社"和"中国青年军人联合会"来宣传党的主张、联合军队中的革命分子。二是依据革命各阶段的中心任务和高校学生最关心的问题提出斗争口号，激发学生振兴中华的责任感。黄埔军校的"中国青年军人联合会"曾提出"团结就是力量""联合就是幸福"的口号，更高呼"不要钱，不要命，爱国家，爱百姓"的豪迈宣言，这些传播口号简洁明快、通俗易懂，具有极强的政治动员能力和鼓动性，对启发青年学生革命觉悟起到了积极作用。三是通过发行进步书刊、演唱革命歌曲、从事实践活动来传播思想政治教育信息。湖南自修大学自办了重要宣传刊物——《新时代》；黄埔军校不仅出版了《中国军人》与《兵友必读》杂志，而且通过传播"以血洒花，以校作家，卧薪尝胆，努力建设中华"的校歌来启发、争取和团结广大学生，使其逐渐成长为进步青年；抗日军政大学则开展了挖窑洞的劳动，组建了"文艺工作团"，其足迹遍布晋察冀豫边区的广大抗日根据地。

从总体上看，新中国成立前高校思想政治教育的传播坚持了无产阶级革命斗争的正确方向，形成了丰富的马克思主义理论教育内容，在多种传播形式的积极运用下营造出良好的传播环境，这不仅哺育了一代建国栋梁，从思想上、组织上为新中国的成立作了必要的准备，而且初步形成了符合我国青年学生成长规律的思想政治教育传播的理论与经验，为新中国成立后社会主义高校的思想政治教育传播奠定了重要的基础。

二　新中国成立后高校思想政治教育传播的曲折发展

1949 年 10 月 1 日，中华人民共和国成立，"彻底结束了旧中国半殖民地半封建社会的历史，彻底结束了极少数剥削者统治广大劳动人民的历史，彻底结束了旧中国一盘散沙的局面"①，中国人民从此站起来了，中华民族走上了实现伟大复兴的壮阔道路。在中国共产党的坚强领导下，高校思想政治教育传播也开启了新征程，尽管发展过程曲折而艰难，但最终在思想政治教育学科建立后实现了科学发展。

从 1949 年新中国成立到 1956 年社会主义改造基本完成，我国高等教育首先顺利完成了从新民主主义教育向社会主义教育的转变。在这一时期，各高校普遍对公共思想政治理论课进行了调整与改革，并且结合党的各项中心工作广泛开展了思想政治教育传播。例如，"结合抗美援朝运动，进行爱国主义和国际主义教育，消除亲美崇美恐美思想；结合土改、镇压反革命运动，广泛进行阶级教育，提高政治觉悟，坚定革命立场；通过'三反''五反'运动，进行反对思想腐蚀的教育，树立劳动光荣、为人民服务的思想"②，较好地提升了广大青年学生的思想政治水平，使其自觉融入新政权建设的环境和氛围。

社会主义改造基本完成以后，我国进入了全面建设社会主义时期。尽管一度受到"左"倾思想的干扰，但高校思想政治教育传播依然在艰难中发展，开展了一些有益的活动。例如，党的八大召开后，全国高校组织青年学生认真学习了党的八大精神，帮助青年学生了解和把握社会主义建设的新形势新任务新要求。1961 年，在《教育部直属高等学校暂行工作条例（草案）》的指导下，高校进一步明确了高等学校学生的培养目标、高校思想政治教育的任务和内容以及高校思想政治教育的原则和方法，不断加强对青年学生的爱国主义、国际主义、社会主义和集体主义教育。1963 年，

---

① 《中共中央关于党的百年奋斗重大成就和历史经验的决议》，《人民日报》2021 年 11 月 17 日，第 1 版。
② 冯刚等：《新时代高校思想政治教育学原理》，人民出版社，2021，第 73 页。

各高校积极响应中央号召,在校园中掀起"学雷锋、树新风"热潮,不仅运用报纸、杂志、电台介绍宣传雷锋的生平事迹,而且通过《雷锋日记》《雷锋的故事》等小册子和连环画歌颂其共产主义精神,从而形成了人人夸雷锋、人人学雷锋的生动局面。"像雷锋那样生活、学习和战斗""做一颗永不生锈的螺丝钉"成为当时广大青年学生的座右铭,"雷锋精神"更是始终被牢记在青年心间。此外,高校通过组织座谈会、实地参观考察等方式积极开展学大庆、学解放军的运动,帮助青年发扬自力更生、艰苦创业、顽强拼搏的精神;广泛开展了学习毛泽东思想的运动,以提高青年学生的思想觉悟和道德品质,引导青年学生运用马克思主义的立场、观点、方法分析和解决问题。

1978 年 12 月,党的十一届三中全会胜利召开,重新确立起马克思主义的思想路线、政治路线、组织路线,并且作出把党和国家的工作重点转移到经济建设上来、实行改革开放的历史性决策。从此,我国社会主义建设进入改革开放的新时期,高校思想政治教育传播也走上健康发展的道路。一直以来,党和国家始终把高校思想政治教育传播当作一项极其重要的工作,并站在全局和战略高度,对思想政治教育传播工作进行了全面部署和总体规划,陆续发布了系列纲领性文献(来促进高校思想政治教育传播工作健康发展系列纲领性文献)如《关于加强高等学校学生思想政治工作的意见》《中共中央关于社会主义精神文明建设指导方针的决议》《关于改进和加强高等学校思想政治工作的决定》《爱国主义教育实施纲要》《中共中央关于进一步加强和改进学校德育工作的若干意见》《中共中央、国务院关于进一步加强和改进大学生思想政治教育的意见》。在这些纲领性文献的指导下,高校不断推动思想政治教育传播的内容形式和运行机制的改革创新,传播模式由传统的上传下达、理论说教逐渐转变为多向互动、情理交融,传播内容更注重贴近师生实际,善于树立身边典型,广播、电视、互联网等多种传播手段均被广泛应用于创新高校思想政治教育传播,从而使思想政治教育传播的引导功能、激励功能以及育才功能得到充分发挥,形成了富有中国特色的高校思想政治教育传播体系,该体系呈现三个方面的显著特征。

（一）思想政治教育传播组织制度化

早在新中国成立初期，政府就向高校选派了一批校长，实行校长负责领导体制，还普遍建立了学生会和教育工会组织，初步形成了在党委统一领导下，学校行政齐抓共管，以政治理论课为主体，青年团、教育工会、学生会自上而下分工分配的思想政治教育传播体系。1952年，根据教育部颁布的《关于在高等学校有重点地试行政治工作制度的指示》，各大高校设立"政治辅导处"，用于指导全体教职员工的政治理论学习，同时协助教务处指导马克思列宁主义理论的教学，指导全校教职员工和学生的活动。1958年4月，中共中央召开教育工作会议，深刻指出加强党对学校的领导是坚持正确的办学方向和途径的根本保证。同年8月，毛泽东在视察天津大学时，再次强调"高等学校应抓住三个东西：一是党委领导；二是群众路线；三是把教育和生产劳动结合起来"。① 1961年9月，中共中央批准试行《教育部直属高等学校暂行工作条例（草案）》，明确规定校党委会是学校工作的领导核心，对学校工作实行统一领导；系的党总支委员会对本系工作起保证监督作用。1964年6月，中共中央转批了高等教育部党组起草的《关于加强高等学校政治工作和建立政治工作机构试点问题的报告》，指出要在高等教育部和直属高等学校设立政治部，将之作为领导高校思想政治工作的组织机构，该机构由校党委领导。1978年10月，教育部修订颁布了《全国重点高等学校暂行工作条例（试行草案）》，要求各高校开始实行"党委领导下的校长分工负责制"，不断推动高校思想政治教育传播正规有序地稳步发展。一直到1985年，中共中央印发《关于教育体制改革的决定》，提出学校逐步实行"校长负责制"。1989年7月，中共中央、国务院以通知的形式转发原国家教委下发的《关于当前高等学校工作中几个问题的意见》，强调"在今后一个相当长的时期，高等学校仍应实行党委领导下的校长负责

---

① 《毛泽东论教育》（第3版），人民教育出版社，2008，第292页。

制"。1990 年 4 月，中共中央召开第一次全国高校党的建设工作会议，随后发布了《关于加强高等学校党的建设的通知》，决定在高等院校实行"党委领导下的校长负责制"，这标志着党委领导下的校长负责制在理论、制度以及实践层面已初步形成。1998 年 8 月通过的《中华人民共和国高等教育法》首次明确规定，"国家举办的高等学校实行中国共产党高等学校基层委员会领导下的校长负责制"，从而为这一制度的确立和实施奠定了坚实的法律基础。[①]

（二）思想政治教育传播内容学科化

新中国成立后，高校不断将马克思主义中国化的核心内容和最新要求细化落实到课程的具体目标中，致力于思想政治教育课程体系的完善，以巩固思想政治教育传播的主渠道和主阵地，最终设立了马克思主义理论一级学科来保障思想政治教育传播的学科化与科学化发展。早在 1952 年 10 月，教育部就发布了《关于全国高等学校马克思列宁主义、毛泽东思想课程的指示》，系统周详地规定了思想政治理论课的门数、学时及讲授次序等，即综合性大学及财经艺术等类型的学院应按照第一、二、三年级次序分别开设"新民主主义论"（100 学时）、"政治经济学"（136 学时）及"辩证唯物论与历史唯物论"（100 学时）。1953 年，教育部又将"新民主主义论"改为"中国革命史"，基本上确立了高校思想政治理论课程的大体模型。随后，高校还多次对思想政治理论课程进行了名称上的变更、内容上的删减以及结构上的调整以保障教学传播的针对性和实效性。改革开放后，党和国家不断反思、探索思想政治理论课内容体系的发展路向，先后经历了"85 方案"、"98 方案"和"05 方案"3 次大的调整后，使思想政治理论课朝着现代化、学科化和科学化的方向发展。2005 年 2 月，中宣部和教育部发布了《关于进一步加强和改进高等学校思想政治理论课的意见》，最终确定将"马克思主义基本原理"、"毛泽东思想、邓小平和'三个代表'重

---

① 王建华：《坚持和完善高校党委领导下的校长负责制的三重逻辑》，《中国教育报》2023 年 9 月 25 日，第 5 版。

要思想概论"、"中国近现代史纲要"以及"思想道德修养与法律基础"设置为本科生必修课，同时开设"形势与政策"和"当代世界经济与政治"两门课程，充分体现出马克思主义中国化的最新成果是对党领导人民建设中国特色社会主义生动实践和基本经验的全面总结。2005年12月，国务院学位委员会、教育部发出《关于调整增设马克思主义理论一级学科及所属二级学科的通知》，正式设立马克思主义理论一级学科，下设马克思主义基本原理、马克思主义发展史、马克思主义中国化研究、国外马克思主义研究和思想政治教育、中国近代史基本问题研究等二级学科，不仅使思想政治理论传播有了学科归属与学科依托，为发展和传播马克思主义理论提供良好的学理支撑，而且有助于推动中国化马克思主义理论进教材、进课堂、进大学生头脑，促进马克思主义理论传播的科学化、规范化发展。

（三）思想政治教育传播媒介融合化

新中国成立后，我国高校思想政治教育传播媒介的运用取得了突飞猛进的发展，逐步形成了报刊、广播、电视、网站"四位一体"的传播新格局。以北京大学为例，早在1917年，蔡元培主持创办的《北京大学日刊》就已经作为"新文化运动在校园内的营垒"① 推动着马克思主义在师生间的广泛传播。随后，《北京大学周刊》《北京大学校刊》《北京大学校报》等报纸相继面世，北京大学还率先建立起广播站和电视台，使传播的空间更广、速度更快，大大提升了思想政治教育传播的时效性和生动性。而北大新闻网自2001年正式开通运行以来，就始终坚持"报道北大，网系天下"的理念，并凭借其高度的开放性与交互性，成为引导网络舆论、开展思想政治道德教育的重要阵地。随着移动互联网技术的深入发展和智能手机的普及，北京大学又着力建设了官方微博、官方微信和手机客户端等新兴媒体，实现了高校思想政治教育传播内容、资源在不同媒介中的相互融通，不仅满足了广大师生多样化的信息需求，而且进一步增强高校思想政治教

---

① 魏国英、方延明：《中国高校校报史略》，北京大学出版社，2010，第50页。

育的网络话语权，在政策宣传、舆论引导、精神鼓舞、人心凝聚方面发挥出巨大的作用。由此可见，高校思想政治教育传播已经逐渐建构起多层次、全方位、立体式的新格局，兼容了文字、图片、音频、视频等多种传播元素，实现了不同媒介形态之间的优势互补、一体化发展。

总之，新中国成立后，高校思想政治教育传播经历了曲折前进的发展历程。在思想政治教育学科成立后，高校思想政治教育传播的科学性和实效性得到了显著提升，为青年人才的培养提供了坚实保障。

三　新时代高校思想政治教育传播的深化拓展

党的十八大以来，中国特色社会主义进入新时代。以习近平同志为核心的党中央始终以宏阔的历史眼光审时度势、以深邃的战略思维谋篇布局，突出强调了教育在中国式现代化发展中的基础性、先导性支撑作用，并积极推动高校思想政治教育传播的深化拓展，构建起纵向衔接、横向贯通、内外连通、多维联动的传播生态，从而使高校思想政治教育传播效能全面提升。

2015年，中共中央办公厅、国务院办公厅印发了《关于进一步加强和改进新形势下高校宣传思想工作的意见》，强调指出意识形态工作是党和国家一项极端重要的工作，高校作为意识形态工作前沿阵地，肩负着学习研究宣传马克思主义、培育和弘扬社会主义核心价值观、为实现中华民族伟大复兴的中国梦提供人才保障和智力支持的重要任务。因此，要切实加强高校意识形态引导管理，完善宣传思想阵地管理制度，做大做强正面宣传，把高校建设成学习研究宣传马克思主义的坚强阵地，同时推动校内外协同配合、全社会支持参与，构建高校宣传思想工作新格局。

2019年3月18日，习近平总书记主持召开了学校思想政治理论课教师座谈会。他特别指出："我们党立志于中华民族千秋伟业，必须培养一代又一代拥护中国共产党领导和我国社会主义制度、立志为中国特色社会主义事业奋斗终身的有用人才。在这个根本问题上，必须旗帜鲜明、毫不含糊。这就要求我们把下一代教育好、培养好，从学校抓起、从娃娃抓起。在大中小学循序渐进、螺旋上升地开设思想政治理论课非常必要，是培养一代又一代社会主义建设者和接班人的重要保障。"①

为了进一步贯彻落实习近平总书记在学校思想政治理论课教师座谈会上的重要讲话精神，解决好"培养什么人、怎样培养人、为谁培养人"这一根本问题，中共中央办公厅、国务院办公厅于2019年8月印发了《关于深化新时代学校思想政治理论课改革创新的若干意见》，明确指出要坚持思政课在课程体系中的政治引领和价值引领作用，统筹大中小学思政课一体化建设，推动各类课程与思政课建设形成协同效应。其中，在高校思政课课程体系建设上，要求全国重点马克思主义学院率先全面开设"习近平新时代中国特色社会主义思想概论"课程，博士阶段开设"中国马克思主义与当代"课程，硕士阶段开设"中国特色社会主义理论与实践研究"课程，本科阶段开设"马克思主义基本原理概论""毛泽东思想和中国特色社会主义理论体系概论""中国近现代史纲要""思想道德修养与法律基础""形势与政策"课程，专科阶段开设"毛泽东思想和中国特色社会主义理论体系概论""思想道德修养与法律基础""形势与政策"等必修课。同时，各高校重点围绕习近平新时代中国特色社会主义思想，党史、新中国史、改革开放史、社会主义发展史，宪法法律，中华优秀传统文化等设定课程模块，开设系列选择性必修课程，形成以习近平新时代中国特色社会主义思想为核心内容的思政课课程群。

2021年7月，在中国共产党成立100周年之际，中共中央、国务院印发了《关于新时代加强和改进思想政治工作的意见》，强调要推动新时代思想政治工作守正创新发展，就必须巩固壮大主流思想舆论，坚持正确政治方向、舆论导向、价值取向，把思想政治工作融入主题宣传、形势宣传、政策宣传、成就宣传、典型宣传，落实到党报党刊、电台电视台、都市类报刊和新媒体等各级各类媒体，不断提高新闻舆论传播力、引导力、影响力、公信力。

① 习近平：《思政课是落实立德树人根本任务的关键课程》，《求是》2020年第17期。

2022 年 7 月，为了深入贯彻落实习近平总书记关于"大思政课"的重要指示批示、推动大中小学思政课一体化建设，教育部等部门印发了《全面推进"大思政课"建设的工作方案》，要求坚持开门办思政课，充分调动全社会力量和资源，建设"大课堂"、搭建"大平台"、建好"大师资"。特别是在高校，要普遍建立由党委统一领导，马克思主义学院积极协调，教务处、宣传部、学工部、团委等职能部门密切配合的思政课实践教学工作体系；要加强高校思想政治工作网、大学生在线、易班等网络平台建设。

2024 年 10 月，习近平总书记出席全国教育大会并发表重要讲话。他强调："建成教育强国是近代以来中华民族梦寐以求的美好愿望，是实现以中国式现代化全面推进强国建设、民族复兴伟业的先导任务、坚实基础、战略支撑，必须朝着既定目标扎实迈进。"① 因此，要坚持不懈用习近平新时代中国特色社会主义思想铸魂育人，不断加强和改进新时代学校思想政治教育，同时要拓展实践育人和网络育人的空间和阵地，统筹"引进来"和"走出去"，不断提升我国教育的国际影响力、竞争力和话语权，从而为未来高校思想政治教育传播工作指明了前进方向、提供了重要遵循。

总之，以习近平同志为核心的党中央始终站在党和国家事业发展全局的战略高度来推动思想政治教育创新发展，作出了一系列重大决策部署，提出了一系列新理念新思想新观点，更取得了一系列历史性成就。而随着新时代移动互联网、智能终端的迅速普及和大数据的广泛应用，高校思想政治教育传播也显现新的特征——微传播化②。

（一）思想政治教育传播媒介的迷你化

大数据的惊人发展导致了高校传播媒介更加小巧便捷，更加易于携带与移动。这与传统的报纸、电视等宏观传播媒介有着明显的区别。例如，一台电视机的显示屏从 19 寸到 55 寸不等，一台笔记本电脑的平均显示屏为

---

① 《紧紧围绕立德树人根本任务　朝着建成教育强国战略目标扎实迈进》，《人民日报》2024 年 9 月 11 日，第 1 版。

② 刘辉：《大数据时代思想政治教育的微传播化》，《思想理论教育》2014 年第 6 期。

13 寸，而一部手机的平均尺寸则只有 4 寸。手机凭借其自主性强、便携性好等特点，已经成为微传播的主要载体。2025 年 1 月中国互联网络信息中心发布的第 55 次《中国互联网络发展状况统计报告》数据显示，截至 2024 年 12 月，我国手机网民规模达 11.05 亿人，网民使用手机上网的比例为 99.7%。① 因此，高校思想政治教育传播者只要在手机等上利用微博、微信等软件便可以随时随地查看、发布、更新思想政治教育消息，设置新的议题，从而拓展了高校思想政治教育传播活动的范围，进一步突破时空的限制，使高校思想政治教育传播呈现流动的状态。

（二）思想政治教育传播信息的精简化

事实上，传播媒介的迷你化也在一定程度上决定了高校思想政治教育传播信息精简化的特征。流动的思想政治教育传播容易将传播时间分割得更加琐碎，造成了大学生愿意选择零散的时间来进行信息接收活动，而繁杂冗长的信息是难以引起大学生兴趣的。同时，在信息爆炸的时代，信息的高速流动性改变了大学生的阅读方式和习惯，他们需要用更快的方式吸收更多的内容，短小精悍的"微言微语"反而更受青睐。特劳特在《新定位》中说道："传播和建筑一样，越简洁越好，你必须把你的信息削尖，好让它们钻进人们的大脑；你必须消除歧义、简化信息，如果想延长它留下的印象，就得简化，再简化。"② 因此，高校思想政治教育传播也契合了这种社会信息化、时间碎片化的发展要求，传播内容变得更加简短、新颖、有重点，可以是通过微博、微信传递的一张图片、一句话或一小段话，也可以是微电影播放的一小段视频。这些微内容较之以前的传播信息更具有即时性、互动性、视觉性，简洁明了、有的放矢，容易获得大学生的注意和引起他们的兴趣。同时，信息因为篇幅较小，呈现更多的灵活性，在高

---

① 第 55 次《中国互联网络发展状况统计报告》，中国互联网络信息中心网站，https://cnn-ic.cn/NMediaFile/2025/0428/MAIN17458061595875K4FP1NEUO.pdf，最后访问日期：2025 年 5 月 22 日。

② 〔美〕特劳特·瑞维金：《新定位》，李正栓、贾纪芳译，中国财政经济出版社，2002，第 8 页。

校思想政治教育传播过程中更容易被快速地传递出去。

（三）思想政治教育传播受众的细分化

大数据的一个重要特征就是数据服务变革，即通过数据分析，可以把用户分成不同类型的群体，甚至是不同特征的个体，从而进行精准服务。例如，我们通过数据分析，就可以把高校思想政治教育传播的对象分成青年、中年和老年等几个层次，或者学生、工人、农民、干部等不同类型，从而进行分层传播。当然这中间会存在一定的重合，但总体来说，一种媒体的受众在性别、年龄、学历、经历上都有其固定的范围。因此，在高校思想政治教育传播过程中，一方面，大学生受众根据自己的需求选择相关的教育信息和服务，并通过分众化的媒体向传播者传递信息；另一方面，高校思想政治教育传播者借助校内涉及思想政治教育信息的网站、软件和课程，以及网络学习平台收集、分析数据，对受众的个性、需求进行判断，从而针对不同教育对象的特点与需求，制定不同的传播策略，有的放矢地解决不同层次、不同类型受众的各种思想矛盾与问题，使大学生受众更加认可、理解、接受思想政治教育信息，实现高校思想政治教育传播的个性化与精准化。

（四）思想政治教育传播结构的扁平化

在大数据时代，随着信息传递渠道的多元化、信息传递数量的极大化，高校思想政治教育传播逐渐由逻辑清晰、管理严密、分工细致的科层结构过渡到以个人媒体为代表的扁平网络结构，每一个拥有传播媒介的对象都是一个传播节点，每个人都在进行自己的二次传播。在高校思想政治教育传播中，传播者不再局限于专门从事思想政治教育的人，传播的专业门槛大大降低，最普通的对象也可以作为教育信息的制作者与传播者参与到信息的传播过程中来，并且传播者与受众的位置经常互换、重叠等，他们既是某些教育信息的传播者又是另一些信息的接受者，人人在对话中都可以实现决策参与，成为传播活动的主体，这就使高校思想政治教育传播活动更加便捷、高效、平民化。

总之，大数据的应用使高校思想政治教育传播呈现速度快、精准性强、互动性好等诸多特点。但是，高校也要警惕大数据这把"双刃剑"，积极抵御和防范敌对势力利用大数据对青年学生进行的意识形态渗透。因为"世界性的大型数据库主要分布在欧美国家，这些数据库大多有西方价值观导向，我国网民在接受这些数据库服务的同时，也在接受西方价值观'洗礼'。造成自我中心主义与个人主义的盛行和泛滥，使国家长期培养起来的集体主义价值观遭受冲击，从而在一定程度上消解了我国在价值观领域的话语权"。[1] 因此，面对当前世界范围内各种思想文化日趋频繁的交流交融交锋，高校必须充分运用新型传播手段和方法创新思想政治教育传播工作，牢牢掌握舆论主动权。

第二节　高校思想政治教育传播经验

以史为鉴、开创未来。100多年来，中国共产党始终高度重视高校思想政治教育传播，推动其在进取中突破、从挫折中奋起，并随着时代的发展持续改革创新，积累了宝贵的经验，形成了优良的传统。

一　坚持党对高校思想政治教育传播的全面领导

在长期的革命、建设、改革的进程中，中国共产党高度重视高校这一意识形态工作的前沿阵地，把高校思想政治教育传播作为培育人才和发展党和国家事业的重要法宝，加强对思想政治教育传播工作的科学领导，形成了职责明确、齐抓共管、覆盖全面的传播格局。

第一，坚持思想政治领导，党的领导干部要站上高校讲台进行马克思主义理论普及与传播。早在建党前，李大钊就在北京大学开设了"唯物史观研究""社会主义史"等课程，成为在"旧中国大学讲台上公开讲授马克

---

① 吴家庆、曾贤杰：《大数据与意识形态安全》，《光明日报》2015年10月14日，第13版。

思主义，并依据辩证唯物主义和历史唯物主义的科学观点组织教材、进行教学的第一人"①。建党后，毛泽东、瞿秋白、邓中夏、周恩来、朱德、刘少奇、陈云等一大批党的领导人都从事过思想政治理论课教学，并多年兼任大学职务。例如，瞿秋白在上海大学讲授了"社会科学概论"和"社会哲学"课程，并兼任社会学系主任；在陕北公学中，毛泽东讲授了"中共宪政运动"和"青年运动的方向"，周恩来讲授了"大后方的抗日形势"，张闻天讲授了"新民主主义文化"，任弼时、王若飞等人也经常来校作时政报告，促进了青年学生对党的基本理论、路线、纲领的正确理解，提高了他们的思想觉悟和社会责任感，引导大批青年学生毕业后奔赴革命斗争的前线并成为骨干力量。

新中国成立后，领导干部讲思政课的优良传统得到延续。各级领导干部积极以身作则、以讲促学，积极面向高校青年讲形势、作报告、办讲座，很好地推动党的创新理论融入高校课堂，并逐步实现制度化和常态化发展。1952年9月，中共中央作出了《关于培养高等、中等学校马克思列宁主义理论师资的指示》，要求大力动员党委、政府、群众团体中政治理论水平较高的干部到学校兼课，或开展专题讲座。1958年9月，中共中央、国务院发布的《关于教育工作的指示》中明确提出党委书记和委员力求承担政治课的教学、研究工作。这既是落实党对高校思政工作领导的重要体现，又是加强高校思想政治工作的重要举措。1987年5月，中共中央作出《关于改进和加强高等学校思想政治工作的决定》，要求高等学校在新形势下，必须把改进和加强思想政治工作作为自己的重要任务，并且要组织一些模范人物和熟悉我国建设、改革实际的同志到学校作报告，这有助于将抽象的思想理论转化为生动的实践案例，从而更好地引导学生深刻体悟中国之路和中国之治。特别是在2015年7月，中共中央组织部、中共中央宣传部、教育部专门印发了《关于领导干部上讲台开展思想政治教育的意见》，明确规定了领导干部上讲台的主要任务、工作机制、方式方法，要求每个领导

---

① 曲士培：《中国大学教育发展史》，山西教育出版社，1993，第381页。

干部每学期至少上 1 次讲台，这有助于青年学生从"顶层设计"的高度了解国情、党情、社情。此外，《关于深化新时代学校思想政治理论课改革创新的若干意见》、《全面推进"大思政课"建设的工作方案》、《普通高等学校马克思主义学院建设标准（2023 年版）》以及《教育强国建设规划纲要（2024—2035 年）》等文件都为领导干部常态化进高校、上讲台、讲思政课提供了政策支持和制度保障。多年来，各级领导干部深入高校为青年学生用心用情讲思政课，充分发挥领导干部在宣讲党的基本理论、基本路线、基本纲领、基本经验、基本要求和重大政策上的示范带动作用，很好地丰富了大学生思想政治教育的形式和内容，进一步提升了高校思想政治教育传播工作的针对性和实效性。在新征程，我们还要继续"在强化主体责任、健全长效机制、创新方式方法等方面下功夫，不断提升领导干部讲思政课的质效"①，努力实现领导干部"自觉讲"和"善于讲"。

第二，加强组织领导，健全党对高校思想政治教育传播工作的领导体制和工作机制。高校思想政治教育传播工作是系统工程，需要加强顶层设计和整体谋划，努力形成健全完备的组织架构和运行高效的工作机制，以统筹协调各方关系、提高传播工作的科学性。新中国成立后，党和政府就开始在各大高校开展建党建团工作，大批干部逐步调入高校担任领导职务，"逐步形成了党委统一领导下，学校行政齐抓共管，以政治理论课为主体，青年团、教育工会、学生会自上而下分工配合的思想政治教育工作体系"②，为高校思想政治教育传播事业的发展创造了良好的开端。1958 年 9 月，中共中央、国务院在《关于教育工作的指示》中明确规定，在一切高等学校中，应当实行学校党委领导下的校务委员会负责制，从而确立起党委在高校思想政治传播工作中的领导核心地位。改革开放后，高校在党的正确领导下开始正本清源，重建思想政治教育传播组织机构，稳步提升思想政治教育传播工作的领导力和组织力。从《中共中央关于加强高等学校党的建

---

① 任鹏、薛耀利：《领导干部讲思政课的基本经验和时代启示》，《中国高等教育》2025 年第 7 期。

② 龚海泉：《高等学校思想政治教育史》，武汉出版社，1992，第 48 页。

设的通知》《中国共产党普通高等学校基层组织工作条例》《关于进一步加强和改进大学生思想政治教育的意见》到《关于坚持和完善普通高等学校党委领导下的校长负责制的实施意见》《关于进一步加强和改进新形势下高校宣传思想工作的意见》《关于新时代加强和改进思想政治工作的意见》，党中央相继出台了一系列规章制度和办法措施，对高校思想政治教育传播作出整体部署和科学安排，进一步明确了高校思想政治教育传播工作的指导思想、基本原则、工作重点和保障条件，不断健全和完善由高校党委统一领导、党政工团齐抓共管、党委宣传部门牵头协调、有关部门各负其责、全社会协同配合的传播工作机制，推动思想政治教育传播实现制度化、规范化发展，从而为培育和弘扬社会主义核心价值观、实现中华民族伟大复兴的中国梦提供了人才保障和智力支持。

总之，坚持和加强中国共产党的全面领导是高校思想政治教育传播工作的根本经验和最大优势。只有毫不动摇地坚持党的正确领导，提高党在教育事业发展进程中把方向、管大局、做决策、抓班子的能力，才能确保高校思想政治教育传播始终沿着正确的方向和科学的道路发展，才能实现校内外多领域资源的合理配置与高效利用，从而汇聚起协同育人的强大合力。习近平总书记在庆祝中国共产党成立 100 周年大会上的讲话中高度总结："办好中国的事情，关键在党。中华民族近代以来 180 多年的历史、中国共产党成立以来 100 年的历史、中华人民共和国成立以来 70 多年的历史都充分证明，没有中国共产党，就没有新中国，就没有中华民族伟大复兴。历史和人民选择了中国共产党。中国共产党领导是中国特色社会主义最本质的特征，是中国特色社会主义制度的最大优势，是党和国家的根本所在、命脉所在，是全国各族人民的利益所系、命运所系。"[①]

二　坚持使高校思想政治教育传播服务于党和学生

在我国，高校思想政治教育传播不是"一般"的教育传播，而是中国

---

① 习近平：《在庆祝中国共产党成立 100 周年大会上的讲话》，人民出版社，2021，第 10—11 页。

共产党领导下的社会主义意识形态传播。因此，传播活动不仅要围绕党和国家的中心任务展开，而且要致力于培养德智体美劳全面发展的社会主义建设者和接班人。

第一，坚持高校思想政治教育传播为党和国家的中心任务服务。中国共产党一经成立，就把实现共产主义作为党的最高理想和最终目标，义无反顾肩负起实现中华民族伟大复兴的历史使命，团结带领人民进行了艰苦卓绝的斗争。而与之相适应的是，高校思想政治教育传播的重心在革命、建设和改革发展的不同时期也进行了调整与丰富，从而始终服务于党和国家事业发展的需要。例如，在中国共产党成立的初期，高校主要聚焦于马克思主义理论的广泛传播，不断用先进思想启迪青年觉醒，也积极建立和扩大党的组织，凝聚青春力量、壮大革命力量。在新民主主义革命时期，高校又围绕实现民族独立和人民解放的伟大历史任务，深入开展了爱国主义、集体主义、社会主义、共产主义理论教育，传播革命斗争经验，引导广大青年学生正确认识革命与社会发展的规律，科学认识国家的前途和命运，坚定革命必胜的信心。新中国成立后，高校思想政治教育传播工作的重心逐渐转移到宣传党的基本理论、路线、方针、政策、纲领及经验上来，高校思想政治教育传播通过用党的创新理论铸魂育人，为改革开放和社会主义现代化建设提供强大的精神动力和智力支持。在新时代，面对培育时代新人、传播和弘扬社会主义核心价值观的历史使命，高校思想政治教育努力协调各种社会资源，推动思政小课堂与社会大课堂相结合，推动各类课程与思政课同向同行，教育引导学生坚定"四个自信"。

因此，历史和实践充分证明，高校思想政治教育传播是党的教育事业的重要组成部分。"高校抓住了、抓好了思想政治教育工作，就能沿着正确的方向前进，保证社会主义办学方向不走错，培养人的问题不走偏；忽视了、放松了思想政治教育工作，就会迷失方向，误入歧途，走向歪路。"①

① 冯刚等：《新时代高校思想政治教育学原理》，人民出版社，2021，第2—3页。

那么，面对新任务新要求，高校思想政治教育传播仍要进一步增强政治意识、大局意识、核心意识、看齐意识，坚持教育传播工作为中国共产党治国理政服务，为巩固和发展中国特色社会主义制度服务，为建成社会主义现代化强国服务。

第二，高校思想政治教育传播要为青年学生的成长成才服务。青年兴则国家兴，青年强则国家强。青年一代有理想、有本领、有担当，国家就有前途，民族就有希望。百年来，高校思想政治教育传播始终坚守"为党育人、为国育才"的初心使命，坚持在思想上引领青年、在实践中磨砺青年、在关键处服务青年，引导一代代青年接过历史的接力棒，在为祖国、为民族、为人民的不懈奋斗中书写无悔的青春篇章。

在"培养什么人"方面，主要经历了从"社会革命的先锋"到"三好青年""四有新人""时代新人"的转变。早在中国共产党成立之初，恽代英就基于中国革命实践的迫切需要以及青年的特性提出要培养"能革命的人"。他说道："今日最要是能革命的人才。是革命中，与革命以后，能了解世界政治经济状况，以指导国民行动的人才。是能善于运用国家政权的人才。"[1] 1937 年，毛泽东同志为陕北公学成立题词时说道："要造就一大批人，这些人是革命的先锋队。这些人具有政治远见。这些人充满着斗争精神和牺牲精神。这些人是襟怀坦白的，忠诚的，积极的，与正直的。这些人不谋私利，唯一的为着民族与社会的解放。这些人不怕困难，在困难面前总是坚定的，勇敢向前的。这些人不是狂妄分子，也不是风头主义者，而是脚踏实地富于实际精神的人们。中国要有一大群这样的先锋分子，中国革命的任务就能够顺利的解决。"[2] 新中国成立后，高校逐步将"三好"作为培养目标，"三好"即"身体好""学习好""工作好"，积极推动青年学生在德育、智育、体育三个方面都得到充分发展，培养了一批富有朝气的实干建设者和社会主义拥护者。改革开放后，高校又按照"四有新人"的

---

[1] 《恽代英文集》上卷，人民出版社，1984，第 402 页。

[2] 习近平：《在庆祝中国共产主义青年团成立 100 周年大会上的讲话》，人民出版社，2022，第 14 页。

标准培养人才，努力造就"有理想、有道德、有文化、有纪律"的社会主义建设者和接班人。进入新时代，面对中华民族伟大复兴的战略全局和世界百年未有之大变局，高校坚持把培养担当民族复兴重任的"时代新人"作为根本使命，充分发挥思想政治教育传播在思想引领、舆论推动、精神激励、文化支撑方面的重要作用，帮助青年学生立大志、明大德、成大才、担大任，扣好人生的第一粒扣子，实现德智体美劳全面发展。总之，"青年者，国家之魂"，千百年来，青春的力量、青春的涌动、青春的创造，始终是推动中华民族勇毅前行、屹立于世界民族之林的磅礴力量。面向新征程，习近平总书记特别强调："我们党立志于中华民族千秋伟业，必须培养一代又一代拥护中国共产党领导和我国社会主义制度、立志为中国特色社会主义事业奋斗终身的有用人才。"[1] 那么，高校思想政治教育传播务必要以此为重要遵循，围绕青年、关心青年、关爱青年、服务青年，把青年汇聚在党的理想信念旗帜之下。

在"怎样培养人"方面，高校思想政治教育传播坚持把立德树人作为中心环节，重视思想价值引领，不断用党的科学理论武装青年，增强青年对中国特色社会主义的思想认同、理论认同、情感认同，同时敢于亮剑、敢于斗争，防范错误思潮在学校抢滩登陆，防止马克思主义在课堂上"失踪"、在校园里"失声"、在一些学科中"失语"，努力把大学生培养成马克思主义的坚定信仰者、支持者和拥护者。因为当前国际舆论格局依然未发生根本改变，意识形态领域的斗争形势依然极其严峻，"争夺青少年的斗争是长期的、严峻的，我们不能输，也输不起。我们一定要警醒！"[2] 此外，高校思想政治教育传播充分尊重学生的主体性和多样性，紧紧围绕青年学生关注的重点、难点、热点进行解疑释惑，使其爱听爱看、产生共鸣，激发出他们向上向善的精神力量。早在延安时期，毛泽东就批评过进行思想政治教育传播不看教育对象的简单生硬的做法，指出，"我们的宣传有时也太刺耳，玫瑰花虽然可爱但是刺多扎手，'羊肉好吃烫得慌'。对于那些绅

① 习近平：《思政课是落实立德树人根本任务的关键课程》，《求是》2020 年第 17 期。
② 习近平：《培养德智体美劳全面发展的社会主义建设者和接班人》，《求是》2024 年第 17 期。

士，玫瑰花虽可爱，但因为刺多他们不大喜欢"。[①] 习近平总书记也多次强调，"每个学生都是独一无二的个体，禀赋、才能、爱好和特长不尽相同"，"我们要尊重学生、理解学生、信任学生、激励学生，公平公正对待学生，相信每一个学生都是可塑之才，善于发现每一个学生的闪光点和特长"[②]。因此，要想使高校思想政治教育传播取得良好的效果，就一定要讲究传播的艺术。在内容的选择与组织上，要与学生的生活经验、学习兴趣与成长需要相适切；在话语的表达上，要善于运用学生熟悉的语言、喜闻乐见的方式，把体现党的意志与反映学生心声统一起来。只有遵循传播规律、讲究传播艺术、对接学生需求，才能使高校思想政治教育传播更加可亲可信、深入人心。

三　加强对高校思想政治教育传播队伍的整体建设

思想政治教育传播队伍是高校实施思想政治教育传播的重要力量，包括高校中党政干部、共青团干部、思想政治理论课教师、专业课教师、辅导员、班主任以及学生骨干等众多人员，他们肩负着研究和宣传马克思主义、培育和弘扬社会主义核心价值观、培养中国特色社会主义的合格建设者和可靠接班人的要务。因此，统筹推进思想政治教育传播队伍的建设是提升高校思想政治教育传播效果的关键，也是高校思想政治教育传播百年实践的重要经验总结。

要配齐建强高校思想政治教育传播队伍。在过去很长一段时间，高校思想政治教育传播队伍在建设中存在数量不足、素质不硬的难题，思政课教师和辅导员这两大传播骨干力量更是人才紧缺。针对这种情况，党和国家发布了一系列文件来强化政策保障、优化师资配置。1985 年 8 月，中共中央发布了《关于改革学校思想品德和政治理论课程教学的通知》，要求加速培养新生力量，努力充实师资队伍，切实解决目前教师年龄老化、数量

---

① 《毛泽东文集》第 3 卷，人民出版社，1996，第 317 页。
② 习近平：《培养德智体美劳全面发展的社会主义建设者和接班人》，《求是》2024 年第 17 期。

严重不足的问题。1991 年 8 月，在由国家教育委员会印发的《关于加强和改进高等学校马克思主义理论教育的若干意见》中，进一步明确要逐步拓宽补充理论课师资的渠道，除从应届毕业的研究生、本科生中选拔一批品学兼优的学生外，还要着重从学校政工队伍中选拔一些政治思想坚定、业务基础较好的同志充实理论课教师队伍。同时，对于那些政治和业务素质好、身体健康的教师，可适当延长其离退休年限。此后，党中央、国务院相继印发了《关于普通高等学校"两课"课程设置的规定及其实施工作的意见》、《关于进一步加强和改进大学生思想政治教育的意见》、《关于进一步加强高等学校思想政治理论课教师队伍建设的意见》、《关于加强和改进新形势下高校思想政治工作的意见》、《关于全面深化新时代教师队伍建设改革的意见》、《新时代高等学校思想政治理论课教师队伍建设规定》以及《普通高等学校辅导员队伍建设规定》等一系列重要文件，进一步对加强教师队伍建设提出了具体的改革措施和工作要求，以努力造就一支政治坚定、业务精湛、数量充足、结构合理的工作力量。因此，各高校在正确把握思想政治教育传播方向、认真落实各职能部门传播人员职责任务的基础上，须科学核定并合理配置传播人员。其中，思想政治理论课专职教师要严格按照不低于师生 1∶350 的比例配备；而专职辅导员岗位要按师生比不低于 1∶200 的比例设置。同时，按照专职为主、专兼结合的原则，建立开放灵活的人才配置机制，可以在与思政课教学内容相关的学科中遴选优秀教师并对他们进行培训，之后使他们加入思政课教师队伍，专职从事思政课教学；也可以将胜任思政课教学的党政管理干部转岗为专职思政课教师；同时，鼓励高等学校统筹地方党政领导干部、企事业单位管理专家、社科理论界专家、各行业先进模范以及高等学校党委书记及校长、院（系）党政负责人、名家大师等讲授思政课，支持高等学校建立两院院士、国有企业领导等经常性进高校、上思政课讲台的长效机制，建立校际传播协作机制。总之，多年的队伍建设实践表明，只有任课教师与科研人员共同参与、党政工团齐抓共管，才能形成教书育人、科研育人、管理育人、服务育人、实践育人的良好局面。

要不断提升高校思想政治教育传播者的综合素质。做好高校思想政治教育传播工作，关键在人。那么，高校思想政治教育传播者的综合素质直接关系着人才培养的质量，关系着国家和民族的未来。我们党始终高度重视思想政治教育传播队伍的素质提升工作，强调高素质人才的培养离不开高素质的传播队伍。早在抗日战争时期，毛泽东为抗大教员题词时便写道"忠诚党的教育事业"，从而对思政课教师提出了政治坚定的重要要求，他还强调教师要加强对马克思主义理论的学习，坚持理论联系实际，反对脱离实际的教条主义。而习近平总书记进一步提出了"政治强、情怀深、思维新、视野广、自律严、人格正"①的新要求，并将师德师风作为评价教师素质的第一标准，大力弘扬教育家精神，强调思政课教师要坚持教书与育人相统一、言传和身教相统一、潜心问道和关注社会相统一、学术自由和学术规范相统一，始终以高尚的道德和人格魅力感染学生以及以模范的言行举止为学生树立榜样。为了更好地提升能力，打造可信、可敬、可靠以及乐为、敢为、有为的教育传播队伍，党和国家建立了分层次、多形式的培养培训体系，例如，实施"高校思政课教师队伍后备人才培养专项支持计划"，专门招收马克思主义理论学科研究生，不断为高校输送高水平传播人才；建立国家、省（区、市）、高等学校三级思政课教师培训体系，设立思政课教师研学基地，定期组织开展教学研讨，加强思想政治教育传播者对多元传播内容的融会贯通和对高效传播技巧的熟练驾驭。此外，加大对马克思主义领军人才、思想政治教育传播骨干的支持和扶持力度，发挥其在思想政治教育传播中的榜样作用，促进一大批具有扎实理论功底和实践能力的高素质传播人才加速成长，从而筑牢为党育人、为国育才的坚实基础。

总之，思想政治教育传播者承担着传播知识、传播思想、传播真理的历史使命，肩负着塑造灵魂、塑造生命、塑造人的时代重任，只有自身具备良好的思想政治道德素质和媒介素养，才能更自觉把党的方针路线政策

① 《十九大以来重要文献选编》（中），中央文献出版社，2021，第317页。

贯穿教学、科研、管理工作的全过程，推动习近平新时代中国特色社会主义思想入脑入心、落地生根。

四　发挥高校思想政治教育传播媒介的导向功能

媒介不是一个自然保持中立的传播工具，总是带有一定的传播立场和意识形态色彩，具有鲜明的政治属性。毛泽东曾指出："在阶级消灭之前，不管通讯社或报纸的新闻，都有阶级性。资产阶级所说的'新闻自由'是骗人的，完全客观的报道是没有的。"[1] 因此，无论是在烽火连天的革命岁月，还是在波澜壮阔的改革时期，抑或日新月异的新时代，高校都注重利用媒介开展主流意识形态传播，发挥媒介在信息传递、舆论引导、文化传播、社会整合等方面的重要作用。例如，创办于1917年11月16日的《北京大学日刊》是当时中国最早的大学日报，更是北大校园内传播马克思主义的重要媒介。它不仅在"杂录""讲演录""学术研究"等板块中刊发马克思主义研究文章或马克思主义演讲实录，而且登载了"唯物史观""工人的国际运动与社会主义的将来"等马克思主义理论课的上课时间和地点，从而促进了校内外师生及先进分子对北大马克思主义课程的了解和学习，进一步推动马克思主义的研究和传播。与此同时，《新青年》杂志在陈独秀1917年赴北京大学任文科学长后迁入北京，并开始了与北京大学的结合，从而与《北京大学日刊》一起形成马克思主义传播双阵地的联动效应。当时，除陈独秀任《新青年》编辑外，北大教授李大钊、钱玄同、刘半农等均参与编辑与写作。特别是李大钊，在十月革命后为《新青年》主编了"马克思主义研究专号"，并撰写《我的马克思主义观》等文章，系统地介绍马克思主义相关理论以及国际无产阶级革命运动的经验，促进了马克思主义在中国的早期传播，也使《新青年》成为宣传马克思主义的重要刊物之一。随着《新青年》的广泛发行，各地越来越多的师生受到思想的洗礼，开始转变为马克思主义信仰者，从而形成"杂志—大学—社会"的马克思

---

[1]　中共中央文献研究室、新华通讯社编《毛泽东新闻工作文选》，新华出版社，1983，第191页。

主义传播链条。青年毛泽东就深受《新青年》的影响，不仅看《新青年》，谈话谈《新青年》，思考也思考《新青年》上所提出的问题，而且 1919 年凭借在北大学到的新闻传播知识，在长沙创办了"湖南省学生联合会"的机关报《湘江评论》。

党的十一届三中全会之后，随着改革开放的步伐大大加快，我国的舆论环境、媒体格局、传播方式等都发生了深刻变化，特别是多元文化涌入始终影响着我国意识形态认知，信息网络化又给我国意识形态的管控带来挑战，更需要高校思想政治教育传播媒介始终坚持正确的舆论导向，加强对多样社会思潮的动态分析，努力把多元的思想意识引导到正确健康的舆论轨道上来，形成在多元中主导、在多样中求共识的良好局面。1983 年，邓小平在党的十二届二中全会上作了《党在组织战线和思想战线上的迫切任务》的重要讲话，着重强调"思想战线上的战士，都应当是人类灵魂工程师"，"应当高举马克思主义的、社会主义的旗帜，用自己的文章、作品、教学、讲演、表演，教育和引导人民正确地对待历史，认识现实"。[①]江泽民也明确指出："新闻出版和广播影视必须坚持正确导向，互联网站要成为传播先进文化的重要阵地。"[②] 胡锦涛则要求"把坚持正确导向放在新闻宣传工作的首位"，同时"必须加强主流媒体建设和新兴媒体建设，形成舆论引导新格局"。[③]习近平总书记高度总结了新的时代条件下，新闻舆论工作的 48 字方针，即"高举旗帜、引领导向，围绕中心、服务大局，团结人民、鼓舞士气，成风化人、凝心聚力，澄清谬误、明辨是非，联接中外、沟通世界"，并且强调"新闻舆论工作各个方面、各个环节都要坚持正确舆论导向。各级党报党刊、电台电视台要讲导向，都市类报刊、新媒体也要讲导向；新闻报道要讲导向，副刊、专题节目、广告宣传也要讲导向；时政新闻要讲导向，娱乐类、社会类新闻也要讲导向；国内新闻报道要讲导

---

① 《邓小平文选》第 3 卷，人民出版社，1993，第 40 页。

② 《江泽民文选》第 3 卷，人民出版社，2006，第 559 页。

③ 胡锦涛：《在人民日报社考察工作时的讲话》，《人民日报》2008 年 6 月 21 日，第 4 版。

向，国际新闻报道也要讲导向"。① 这些论述充分体现了我们党对舆论宣传、媒介导向功能的深刻认识，也为我们在新形势下做好高校思想政治教育传播工作提供了强大的思想武器和根本遵循。一方面，高校思想政治教育传播媒介要保持鲜明的思想性和方向性，坚持不懈用习近平新时代中国特色社会主义思想凝心铸魂，以社会主义核心价值观引领大学生成长，用中国梦坚定大学生的理想和信仰，弘扬主旋律、传播正能量，充分发挥传播媒介的价值导向和凝心聚力功能。另一方面，高校思想政治教育传播媒介要敢于亮剑，旗帜鲜明地与各种错误思潮作斗争，有效击破西方国家"西化""分化"的图谋，防范化解意识形态风险，同时加强国际传播能力建设，不断提升国家文化软实力和中华文化影响力。

总之，高校思想政治教育传播工作是一项极端重要的工作，"事关党的前途命运，事关国家长治久安，事关民族凝聚力和向心力"②。只有始终坚持党对高校思想政治教育传播的全面领导、坚持使高校思想政治教育传播服务于党和学生、坚持加强对高校思想政治教育传播队伍的整体建设、坚持发挥高校思想政治教育传播媒介的导向功能，高校才能牢牢掌握校园舆论的领导权和话语权，不断增进大学生对党的创新理论的政治认同、思想认同、理论认同、情感认同，使其更加坚定中国特色社会主义道路自信、理论自信、制度自信、文化自信，并把社会主义核心价值观的要求变成日常的行为准则，奋力书写出为中国式现代化挺膺担当的青春篇章。

---

① 《习近平谈治国理政》第 2 卷，外文出版社，2017，第 332—333 页。

② 《坚定文化自信秉持开放包容坚持守正创新 为全面建设社会主义现代化国家 全面推进中华民族伟大复兴提供坚强思想保证强大精神力量有利文化条件》，《人民日报》2023 年 10 月 9 日，第 1 版。

第三章 新时代高校思想政治教育传播嬗变

中国特色社会主义新时代既是我国发展新的历史方位，又是高校思想政治教育传播的新环境。面对新时代世情、国情、党情的深刻变化以及舆论环境、媒体格局、传播方式的深刻变革，高校思想政治教育传播始终坚持守正创新、与时俱进，不仅高校思想政治教育传播者的角色发生了转变、大学生受众的主体性得到了提升，而且思想政治教育信息愈加海量化和碎片化、思想政治教育传播媒介不断互联互通。特别是慕课和翻转课堂的运用，使我国高校思想政治教育课堂传播模式实现了创新发展。

第一节 新时代是高校思想政治教育传播的新环境

伟大的实践造就伟大的时代，伟大的时代孕育伟大的思想，伟大的思想指导伟大的实践。党的十八大以来，以习近平同志为核心的党中央始终以巨大的政治勇气和强烈的责任担当，团结带领全党全国各族人民攻坚克难、奋勇前行，推动党和国家事业取得历史性成就、发生历史性变革，从而使中国特色社会主义进入了新时代、中华民族伟大复兴进入了不可逆转的历史进程。

一 新时代的丰富内涵与重要意义

"中国特色社会主义进入了新时代"凝结着我们党对坚持和发展中国特色社会主义的深邃思考和对世情国情党情的科学研判，有着丰富的内涵和重要意义。

(一) 新时代的丰富内涵

什么是新时代？习近平总书记曾郑重指出，"这个新时代，是承前启后、继往开来、在新的历史条件下继续夺取中国特色社会主义伟大胜利的时代，是决胜全面建成小康社会、进而全面建设社会主义现代化强国的时代，是全国各族人民团结奋斗、不断创造美好生活、逐步实现全体人民共同富裕的时代，是全体中华儿女勠力同心、奋力实现中华民族伟大复兴中国梦的时代"[1]，这为我们深刻揭示了新时代的丰富内涵。

第一，从新时代的本质属性上看，这个新时代是承前启后、继往开来、在新的历史条件下继续夺取中国特色社会主义伟大胜利的时代。自改革开放以来，党的全部理论和实践的主题就是坚持和发展中国特色社会主义。中国特色社会主义是实现中华民族伟大复兴的必由之路，是成功推进和拓展中国式现代化的康庄大道，决定着当代中国发展进步的根本方向。在新时代，也必然要始终高举中国特色社会主义伟大旗帜，一以贯之地坚持和发展中国特色社会主义，并使之取得伟大胜利。这正如习近平总书记所强调的，"坚持和发展中国特色社会主义是一篇大文章，邓小平同志为它确定了基本思路和基本原则，以江泽民同志为核心的党的第三代中央领导集体、以胡锦涛同志为总书记的党中央在这篇大文章上都写下了精彩的篇章。现在，我们这一代共产党人的任务，就是继续把这篇大文章写下去"。[2]

第二，从新时代的战略部署来看，这个新时代是决胜全面建成小康社会进而全面建成社会主义现代化强国的时代。"第一个阶段，从二〇二〇年到二〇三五年，在全面建成小康社会的基础上，再奋斗十五年，基本实现社会主义现代化"；"第二个阶段，从二〇三五年到本世纪中叶，在基本实现现代化的基础上，再奋斗十五年，把我国建成富强民主文明和谐美丽的社会主义现代化强国。"[3] 可以说，"两步走"战略安排绘制出新时代的宏伟

① 《习近平谈治国理政》第3卷，外文出版社，2020，第9页。
② 习近平：《关于坚持和发展中国特色社会主义的几个问题》，《求是》2019年第7期。
③ 《习近平谈治国理政》第3卷，外文出版社，2020，第22—23页。

蓝图，明确了社会主义现代化建设的时间表和路线图，鼓舞人心、催人奋进。特别是，与之前党的十三大提出的"三步走"战略目标相比较，"两步走"的战略目标不仅将基本实现现代化的时间提前了，而且将社会主义现代化国家建设的目标提升了，实现了质的飞跃。现如今，全面建成小康社会的宏伟目标已经如期实现，成功地推进和拓展了中国式现代化，全党全国各族人民又踏上了实现第二个百年奋斗目标的新征程。

第三，从新时代的主体力量来看，这个新时代是全国各族人民团结奋斗、不断创造美好生活、逐步实现全体人民共同富裕的时代。一方面，人民群众是历史的创造者，是推动历史发展的根本力量。面对新时代纷繁复杂的国际环境以及艰巨繁重的改革任务，只有坚持人民主体地位，激发人民首创精神，才能为中国式现代化注入不竭的动力和活力。另一方面，全心全意为人民服务是中国共产党的根本宗旨，群众路线是根本工作路线。在新时代，为了更好地解决我国人民日益增长的美好生活需要和不平衡不充分的发展之间的矛盾，中国共产党人必须不忘"为中国人民谋幸福"的初心，始终把人民对美好生活的向往作为奋斗目标，切实增强人民群众的获得感、幸福感、安全感，逐步实现全体人民共同富裕。邓小平曾指出："社会主义最大的优越性就是共同富裕，这是体现社会主义本质的一个东西。"[1] 习近平总书记也强调："实现共同富裕不仅是经济问题，而且是关系党的执政基础的重大政治问题。"[2] "必须摆在更加重要的位置，脚踏实地，久久为功，向着这个目标作出更加积极有为的努力。"[3] 因此，新时代充分体现了人民群众的新期盼，凸显了以人民为中心的发展思想，深刻回答了新时代发展为了谁、依靠谁，发展成果由谁共享的基本问题。

第四，从新时代的历史使命来看，这个新时代是全体中华儿女勠力同心、奋力实现中华民族伟大复兴中国梦的时代。众所周知，中华民族具有百万年的人类史、一万年的文化史、五千多年的文明史，在历史上创造了

---

① 《邓小平文选》第 3 卷，人民出版社，1993，第 364 页。

② 《习近平著作选读》第 2 卷，人民出版社，2023，第 407 页。

③ 《习近平著作选读》第 2 卷，人民出版社，2023，第 140 页。

无数辉煌，也经历过许多磨难。特别是鸦片战争后，中国陷入内忧外患、民不聊生的黑暗境地，实现中华民族伟大复兴便成为中国人民和中华民族最伟大的梦想。2012年11月29日，习近平总书记在国家博物馆参观《复兴之路》展览时曾指出："这个梦想，凝聚了几代中国人的夙愿，体现了中华民族和中国人民的整体利益，是每一个中华儿女的共同期盼。"[①] 2013年3月17日，在十二届全国人大一次会议闭幕会上，习近平同志又进一步阐释，"实现中华民族伟大复兴的中国梦，就是要实现国家富强、民族振兴、人民幸福"[②]，从而将国家利益、民族利益和每个人的具体利益紧紧联系在一起，极大地激发了全体中华儿女为实现中华民族伟大复兴而不懈奋斗的决心和热情，汇聚起磅礴伟力。尽管追梦之路更加清晰、筑梦之基更加坚实、圆梦之策更加精准，我们比历史上任何时期都更接近、更有信心和能力实现中华民族伟大复兴，但是，越接近成功，风险挑战就会越大，就越需要我们始终葆有闯劲儿、干劲儿、韧劲儿，敢于斗争、善于斗争，不断以中国式现代化全面推进强国建设。因此，新时代既是一个追梦的时代，又是一个圆梦的时代。只要我们每一个人心怀梦想、奋力追梦，中华民族伟大复兴的中国梦就定能在一代代人的接续奋斗中成为现实。

第五，从新时代的国际关系来看，这个新时代是我国不断为人类作出更大贡献的时代。当今世界，"各国相互联系、相互依存的程度空前加深，人类生活在同一个地球村里，生活在历史和现实交汇的同一个时空里，越来越成为你中有我、我中有你的命运共同体"。[③] 因此，多年来，中国始终把自身发展置于人类发展的坐标系中，始终把中国人民的利益同世界各国人民的共同利益结合起来，拥抱世界、贡献世界。从坚持独立自主的和平外交政策到推动构建人类命运共同体，从提出全球发展倡议、全球安全倡议、全球文明倡议到积极参与解决重大国际和地区热点问题，从打赢本国脱贫攻坚战到帮助他国消除贫困，中国的国际地位和国际影响力得到显著

---

① 《习近平著作选读》第1卷，人民出版社，2023，第63页。
② 《习近平著作选读》第1卷，人民出版社，2023，第97页。
③ 《习近平著作选读》第1卷，人民出版社，2023，第104页。

提升，已经成为世界经济增长的主要稳定器和动力源，成为维护世界和平稳定的重要力量。可以说，中国的发展离不开世界，世界的发展也影响着中国。在新时代，面对国际格局和国际关系的深度调整，中国既要坚定不移走好自己的路、集中力量办好自己的事，让国家更富强、人民更幸福，为复杂多变的世界注入稳定性和确定性，又要坚持合作共赢，促进文明交流互鉴，推动全球治理体系朝着更加公正合理方向发展，不断为全球繁荣稳定发展提供中国智慧、中国方案和中国力量。

总之，新时代是中国从大国走向强国的时代，是实现中华民族伟大复兴的关键时代，明确回答了新时代的中国要举什么样的旗、走什么样的路、依靠谁、为了谁、以什么样的精神状态实现什么样的宏伟目标、作出什么样的贡献等问题，具有鲜明的实践性、人民性和世界性。

（二）新时代的重要意义

中国特色社会主义进入了新时代，不仅在中华人民共和国发展史上、中华民族发展史上有着重大意义，而且在世界社会主义发展史上、人类社会发展史上，也意义颇深。习近平总书记指出："中国特色社会主义进入新时代，意味着近代以来久经磨难的中华民族迎来了从站起来、富起来到强起来的伟大飞跃，迎来了实现中华民族伟大复兴的光明前景；意味着科学社会主义在二十一世纪的中国焕发出强大生机活力，在世界上高高举起了中国特色社会主义伟大旗帜；意味着中国特色社会主义道路、理论、制度、文化不断发展，拓展了发展中国家走向现代化的途径，给世界上那些既希望加快发展又希望保持自身独立性的国家和民族提供了全新选择，为解决人类问题贡献了中国智慧和中国方案。"① 因此，新时代凸显中国特色社会主义发展的辉煌成就和光明前景，为科学社会主义发展确立了新坐标、积累了新经验，更在推动全球合作共赢、共同繁荣发展方面贡献了中国智慧和力量。

---

① 《习近平谈治国理政》第 3 卷，外文出版社，2020，第 8—9 页。

对于高校思想政治教育传播来说，新时代意味着新形势新环境。传播者要顺应时代发展的潮流，准确把握新时代的社会主要矛盾、奋斗目标、科学理论以及教育发展战略，把培养德智体美劳全面发展的社会主义建设者和接班人作为根本任务，确保高校思想政治教育传播为全面建成社会主义现代化强国、全面推进中华民族伟大复兴提供有力支撑。同时，新时代标志着新机遇新挑战，面对中华民族伟大复兴战略全局和世界百年未有之大变局，传播者要始终扎根中国、融通中外，综合运用国内、国际两种资源，讲好中国故事、传播好中国声音，不断提升中华文化感召力、国际传播影响力以及国际舆论引导力。此外，新时代更要求有新作为，传播者要持续深化改革，通过融入新内容、运用新媒体、探索新方法推动高校思想政治教育内涵发展、特色发展和创新发展，不断形成层级联动、横向贯通、纵向衔接的大思政格局。

二　新时代的新媒体及其鲜明特点

在新时代，信息技术的飞速发展催生了各种传播新工具和新渠道。其中，新媒体凭借其移动、便捷、交互等优势，获得广大师生的喜爱，进而为高校思想政治教育传播的变革奠定了基础。

新媒体（New Media）这一概念源于国外。有学者认为，最早是由美国学者戈尔德马克（P. Goldmark）于1967年在一份关于开发电子录像的商品计划中率先提出的，"用以指代和传统印刷媒介不同的、基于电波和图像传输技术的广播、电视、电影等媒介样态"①。也有学者指出，麦克卢汉在一篇名为《电子革命：新媒体的革命影响》的文章中最早使用了新媒体的概念。② 尽管后来"新媒体"一词逐步流行，但其概念一直处于不断变化之中。

有学者对新媒体的定义专门进行了归纳，介绍了多种观点。其中，"传承论"认为，新媒体是基于传统媒体发展起来的新的媒介形式；"相对论"

---

① 转引自王学俭、刘强《新媒体与高校思想政治教育》，人民出版社，2012，第9页。
② 唐宁、刘荃、高宪春：《媒体融合概论》，武汉大学出版社，2021，第3页。

认为，新媒体是一个相对的概念，比传统媒体"新"的就是新媒体，新媒体往往兼具多种媒体的特征与特长；"凡数字论"认为，凡是基于数字技术在传媒领域运用而产生的新媒体形态即新媒体；"互联论"认为，新媒体是在互联基础上实现多对多或点对点传播，具有与用户互动等交互功能的媒体形式；"媒体定义回归论"认为，媒体应该泛指从事大众传播的机构，所以新媒体应该被定义为新的大众传播机构；"规模论"认为，新的传播形态当达到大众传播的规模时，就是新媒体；而"多维论"与"一言难尽论"认为，新媒体定义上有广义的、狭义的，应该多角度、多层面综合定义。①

尽管新媒体的定义纷繁多维，但其概念的核心要素是始终不变的。我们在认识新媒体时要把握以下三点。第一，新媒体是一个相对的和动态的概念。因为媒介技术的发展必然会带来媒体形态的不断革新，新媒体在一段时间后就会被更新的媒体替代，沦为"旧"媒体。例如，20世纪70年代的"新媒体"指的是电视；但如今以网络技术为支撑的各类媒体已经替代电视成为"新媒体"。第二，新媒体是一个技术性概念。也就是说当下的新媒体依托于数字技术、网络技术和移动技术，并随着科学技术的发展而不断实现内涵和外延的丰富。第三，新媒体的信息是以多媒体的形式呈现的，往往具有跨媒体、跨时空的延展性，能够实现媒介形态的融合和创新。因此，我们可以得出以下结论：新时代的新媒体是相对于报刊、广播、电视等传统媒体而言的，是建立在数字技术、网络技术、移动技术基础上，通过互联网络、无线通信网、卫星等渠道以及电脑、手机、iPad等终端进行传播的新兴媒体形态。

与传统媒体相比，新媒体具有鲜明的特点。第一，即时性。新媒体突破了报纸、期刊等传统媒体在信息传播上的时空限制，能够实现信息的即时传递和滚动更新。特别是随着移动互联网的发展和移动终端的普及，人们信息接收和传递的移动化趋势明显。即使是在突发事件中，新媒体也能保证信息传递的时效性，有助于人们对事件的发展进行实时报道和及时反

---

① 转引自石磊《新媒体概论》，中国传媒大学出版社，2009，第3—4页。

馈。第二，交互性。传统媒体的交互性很弱，反馈较无力；而新媒体环境下信息的传递是双向的、互动的。受众在接收信息的同时，能实现信息的评论与转发，主体性得到提升。有学者就提出，"在新媒体环境下，应该用'用户'来替代'受众'一词"①，以强调传播者与传播对象之间的平等互动关系。第三，个性化。新媒体能够细分受众并展开分众传播。一方面，信息能够进行"点对点"的推送；另一方面，受众在新媒体环境下也可以进行信息的私人定制，享受个性化服务。此外，新媒体具有开放性、便捷性、超媒体性等特征，在此不再赘述。

而今，随着互联网的不断发展以及传统媒体向新媒体的积极转型，媒介生态持续发生变革和演进，全媒体、融媒体、泛媒体等概念层出不穷，还有学者提出了"智媒体"的概念。郭全中指出，"所谓智媒体，是指立足于共享经济，充分发挥个人的认知盈余，基于移动互联、大数据、虚拟现实、人机交互等新技术的自强化的生态系统，形成了多元化、可持续的商业模式和盈利模式，实现信息与用户需求的智能匹配的媒体形态。智媒体的本质主要体现在智慧、智能、智力三个方面"。② 吕尚彬等学者则认为，"智媒体亦称智能媒体，是人工智能技术与既有媒介体系深度融合的产物，兼具智能属性和媒体属性，是一种人工智能与人类智能协同的在线社会信息传播系统"，"是具有'大脑'的新媒体"③。可以说，这些观点为我们深入了解新媒体及其发展提供了有益帮助。

2024 年 12 月，中国社会科学院新闻与传播研究所和社会科学文献出版社联合发布了《新媒体蓝皮书：中国新媒体发展报告（2024）》，该报告不仅对中国新媒体发展状况进行了全面分析，而且积极研判了新媒体未来发展的趋势。报告指出，2023 年中国新媒体加快发展新质生产力，生成式人工智能、跨界融合、数字化营销等新技术与新模式为新媒体行业带来创新

---

① 王学俭、刘强：《新媒体与高校思想政治教育》，人民出版社，2012，第 17 页。
② 郭全中：《智媒体的特点及其构建》，《新闻与写作》2016 年第 3 期。
③ 吕尚彬、李雅岚、侯佳：《智媒体建设的三重逻辑：数据驱动、平台打造与生态构建》，《新闻界》2022 年第 12 期。

发展的动力，从而使数智化转型与深度媒介化成为中国新媒体发展的新方向，中国新媒体发展呈现十大趋势。第一，媒体平台化成为转型发展的必然趋势；第二，文旅行业和情感消费成为数字经济增长的主要方面；第三，短视频内容更加垂直细分；第四，媒介化进程不断加深；第五，社交平台持续赋权内容"出海"；第六，全媒体传播体系建设更完善；第七，媒介融合激发产业活力，拓展合作方向；第八，网络空间治理工作继续加强；第九，人工智能持续发挥深度协作优势；第十，媒体过度娱乐化问题亟待解决。[①] 随着新时代信息技术的发展，新媒体的形态在日益丰富，新旧媒介的融合在不断加速，对社会的影响也越发深刻。高校只有积极关注新媒体的发展，并对其进行多角度把握，才能为思想政治教育传播创设良好的媒介环境。

第二节　新时代高校思想政治教育传播要素的变革

在新时代，高校思想政治教育传播坚持因事而化、因时而进、因势而新，积极推动传播理念、传播内容、传播方式的与时俱进，带来了传播要素的全方位变革。

一　从"传道者"到"引导者"：思想政治教育传播者角色的变更

高校思想政治教育传播者承担着对大学生进行马克思主义理论教育的重要任务，经常"既以理论家的身份，又以宣传员的身份，既以鼓动员的身份，又以组织者的身份"[②] 深入到大学生日常学习生活中去。因此，在高校思想政治教育传播中，传播者拥有多重角色，其角色随着时代背景和社会环境的变化而有所不同。在新时代，传播者逐步实现了从"传道者"向"把关者"和"引导者"的角色转变，成为当代大学生成长成才的引路人。

---

① 胡正荣、黄楚新主编《中国新媒体发展报告（2024）》，社会科学文献出版社，2024。
② 《列宁选集》第 1 卷，人民出版社，1995，第 366 页。

1. "传道者"

"师者，所以传道受业解惑也。"自古以来，教师一直扮演"传道者"的重要角色。在封建社会时期，"师道尊严"思想盛行，教育者与教育对象之间形成了严密的等级关系，即教育者在教育过程中有着无上的权威，凌驾于教育对象之上，而教育对象要对教育者无条件服从。中国共产党自成立后，坚持用马克思主义的"灌输"理论指导党的思想建设，坚信"工人本来也不可能有社会民主主义的意识。这种意识只能从外面灌输进去"①。毛泽东也提出："政治工作的基本任务是向农民群众不断地灌输社会主义思想，批评资本主义倾向。"② 因此，在革命和建设的长期实践中，思想政治教育传播者重视运用政治理论课、宣传册、书报、口号等多种形式把无产阶级革命理论和马克思主义中国化思想传递给高校学生和人民群众，很好地坚持了思想政治教育的传播方向和党性原则，也逐渐使灌输成为高校思想政治教育传播的重要手段和优良传统。但值得注意的是，坚持灌输原则，不等于搞填鸭式的"硬灌输"，而要始终尊重受众的主体性、讲究灌输的艺术性，应该进行春风化雨式的滴灌或者追根寻底式的深灌。可一些思想政治教育传播者不能深刻地认识到这一点，在工作中把"灌输"操作为"注入"，习惯于照本宣科、搞"一言堂"，压服多于说服，从而形成了"我说你听""我打你通"的单向度传播方式，高校思想政治教育传播者也就不幸成为上级指令的"中转站"和"传声筒"。

2. "把关者"

在新时代，随着信息革命的深入推进，信息愈发变得纷繁复杂、真假难辨，意识形态领域的斗争也愈加尖锐激烈。因此，思想政治教育传播者的工作重心也渐渐发生了转移，他们不仅要坚持以科学的思想和正确的理论武装高校青年学生，更要坚决抵制各种错误思潮的侵袭。他们往往利用自身在信息占有和资源配置上的优势，对思想政治教育信息进行精心筛选和整合，并对传播过程进行严格控制，其角色也逐渐实现了从"传道者"

---

① 《列宁选集》第 1 卷，人民出版社，1995，第 317 页。

② 《建国以来重要文献选编》第 7 册，中央文献出版社，1993，第 213 页。

向"把关者"的重要转变与调整。具体表现如下。在信息采集上，思想政治教育传播者往往会以党的方针政策、社会道德规范、传播受众的需要等为重要依据，积极推动习近平新时代中国特色社会主义思想进课堂、进头脑。在信息筛选中，传播者会认真进行信息的审查和甄别，区分其中的真假、优劣、主次和轻重。对与党政方针、现行政策相一致，与社会发展规律相符合的政治观点、思想观念和道德规范发放传播"通行证"；对那些扭曲思想和模糊观点加以修正或予以否定，阻止它们在高校中滋长。在信息加工时，思想政治教育传播者十分强调话语的通俗化、人本化、形象化，避免内容的空泛化、工具化、形式化。在信息传播时，他们还积极对外界的各种噪声进行清理，保证传播活动的顺利开展。总之，"把关人"这一角色至今在高校思想政治教育传播中占有重要的地位，而经过传播者层层把关、筛选与编码后的教育信息更具有权威性、规范性和专业性。

3. "引导者"

在新时代，新媒体的广泛应用赋予了高校大学生快速便捷获取海量知识和信息的自由和权利，却削弱了高校教育者"闻道在先"的天然优势，从而使传播者的"把关人"角色遭遇挑战并逐渐被弱化。因此，实现从"把关者"向"引导者"的角色转换是高校思想政治教育传播者适应时代发展和高校传播环境变化所作出的必然选择，其引导作用具体表现在以下三个方面。一是引导思想发展，坚持价值性与知识性相统一。思想政治教育传播者不仅要将科学化、系统化的马克思主义理论传授给学生，引导学生乐学、好学、勤学，而且要寓价值观于知识传授之中，不断加强价值引领，帮助学生坚定信仰、信念、信心，提升价值判断力、选择力、塑造力，增强对中国特色社会主义的思想认同、理论认同、情感认同，树立起正确的人生观、世界观和价值观。二是引领舆论导向。思想政治教育传播者既要强化阵地意识与底线意识，增强社会主义核心价值观的传播力和感染力，又要以专业的知识与视角解读、释疑、澄清思想政治教育传播中的社会热点、疑点、难点问题，积极应对西方敌对势力企图对我国渗透分化的"颠覆之声"和对在中国式现代化进程中不可避免出现的新矛盾与问题的"不满之声",回应学生关切。同时,要灵活运用论坛、微博、微信等现代传播方式弘扬主旋律、传递正能量,全面引领高校舆论,占领舆论制高点。三是坚持示范引领。思想政治教育传播者不仅要率先垂范、以身作则,带头弘扬中华传统美德、中国革命道德以及社会主义道德,以自己的模范行为影响和带动学生,而且要发现、培养、树立高校中践行社会主义核心价值观的先进典型,引导大学生见贤思齐、择善而行,营造浓厚的"学先进、赶先进、争先进"的良好氛围。

对于"引导者"角色,习近平总书记曾提出了"四个引路人"的明确要求,即要"做学生锤炼品格的引路人,做学生学习知识的引路人,做学生创新思维的引路人,做学生奉献祖国的引路人"①,从而为高校思想政治教育传播者提高自身素质、提升思政引领力指明了方向,并提供了根本遵循。

第一,以过硬的思想政治素质提升学生思想觉悟。思想政治素质是高校思想政治教育传播者应该具备的最重要、最基本的素质。列宁曾指出:"在任何学校里,最重要的是课程的思想政治方向,这个方向由什么来决定呢?完全而且只能由教学人员来决定。"② 习近平总书记也强调:"要让有信仰的人讲信仰。对马克思主义的信仰,对社会主义和共产主义的信念,只有首先在思政课教师心中扎下根,才能在学生心中开花结果。"③ 因此,一个优秀的思想政治教育传播者,应该首先具备正确的政治方向、坚定的政治立场、执着的政治信仰以及较强的政治辨别力和政治敏锐性,不忘立德树人之初心,牢记为党育人、为国育才之使命。具体而言,高校思想政治教育传播者要认真学习且深入研究马克思主义,坚持不懈地用习近平新时代中国特色社会主义思想武装头脑,自始至终在政治上、思想上和行动上

① 《习近平:全面贯彻落实党的教育方针 努力把我国基础教育越办越好》,《人民日报》2016年9月10日,第1版。

② 《列宁全集》第45卷,人民出版社,1990,第249页。

③ 习近平:《思政课是落实立德树人根本任务的关键课程》,《求是》2020年第17期。

同党中央保持高度一致，不因任何困难挫折而质疑、动摇或放弃马克思主义信仰，始终增强"四个意识"、坚定"四个自信"、做到"两个维护"。同时，善于运用马克思主义的立场、观点和方法分析问题和解决问题。唯有如此，才能扮演好思想政治教育"引导者"的角色，帮助大学生自觉树立正确的政治方向和远大的人生理想，使其更加坚定中国特色社会主义道路自信、理论自信、制度自信、文化自信，争做让党放心、爱国奉献、担当民族复兴重任的时代新人。

第二，以高尚的道德素质涵养学生品格。"重莫如国，栋莫如德。"道德对于个人和社会都有基础性意义，做人做事第一位的就是崇德修身。对于高校思想政治教育传播工作来说，包括思想政治理论课教师、辅导员、班主任、专业课教师等的传播者的道德素质尤为重要，直接关系到人才培养的质量，关系着国家和民族的未来。因此，高校思想政治教育传播者应当重视师德师风建设，自觉提升道德修养，努力成为以德立身、以德立学、以德施教的楷模。正所谓"师也者，人之模范也"。对于思想政治教育传播者的具体要求如下。一要热爱工作，敬业奉献。高校思想政治教育传播者要对教育传播工作充满热情和信心，具有强烈的责任感和事业心，专注执着，甘于奉献。二要关爱学生，诲人不倦。高校思想政治教育传播者应是大学生的人生导师，即大学生品德形成的引导者、心灵发展的疏导者、生活选择的参谋者、就业成才的指导者。只有以满腔热情去关爱学生、精心栽培学生，才能引领大学生健康成长。三要健全人格，率先垂范。高校思想政治教育传播者要自觉坚守精神家园，不断涵养人格魅力，锻造人格力量，带头培育和践行社会主义核心价值观，坚守人格底线，辨别是非曲直，正确对待善恶、义利、得失，以自己的模范行为感召学生、引导学生。这正如习近平总书记所强调的："做一个高尚的人、纯粹的人、脱离了低级趣味的人，应该是每一个老师的不懈追求和行为常态。好老师要有'捧着一颗心来，不带半根草去'的奉献精神，自觉坚守精神家园、坚守人格底线，带头弘扬社会主义道德和中华传统美德，以自己的模范行为影响和带动学生。"① 苏联教育家苏霍姆林斯基曾说道："请你记住，你不仅是自己学科的教员，而且是学生的教育者、生活的导师和道德的指路人。教师成为学生道德上的指路人，并不在于他时时刻刻去讲大道理，而在于他对人的态度（对学生、对未来的公民的态度），能为人表率；在于他高尚的道德水平。谁能唤起学生的人的尊严感，能启发他们思考活在世上是为了什么，谁就能在他们心灵中留下最深刻的痕迹。"②

第三，以深厚的理论素养提高思维能力。科学理论是正确行动的指南，是坚定信仰的来源，"只有清晰的理论分析才能在错综复杂的事实中指明正确的道路"③。因此，高校思想政治教育传播者必须具备扎实的马克思主义理论功底，丰富的思想政治教育专业知识以及传播学、心理学、社会学等专业的知识，否则就难以使思想政治教育传播建立在科学的基础上，良好的传播效果也就无法实现。就马克思主义基础理论而言，主要包括马克思主义哲学、政治经济学、科学社会主义的基本原理以及马克思主义中国化的最新成果。它们是进行社会主义意识形态传播的最基本的思想武器，是被实践证明了的"颠扑不破"的科学真理。只有打下了扎实的马克思主义理论功底，才能使传播更具有说服力和号召力。就思想政治教育专业知识来讲，主要包括了思想政治教育基本原理、思想政治教育方法论、思想政治教育历史以及比较思想政治教育等方面的知识。这些知识可以帮助思想政治教育传播者科学认识受众思想行为规律、深刻掌握思想政治教育方法、有效开展思想政治教育传播活动。此外，一名优秀的思想政治教育传播者还应该具有广阔的学术视野和强烈的进取精神，潜心学习先进的传播思想以及政治学、心理学、教育学、管理学、新媒体以及计算机等相关学科的前沿知识，努力完善知识结构。只有不断解放思想、更新观念、沉淀知识，才能找到与大学生进行沟通的"共同语言"，防止传播中出现捉襟见肘的状

---

① 习近平：《做党和人民满意的好老师——同北京师范大学师生代表座谈时的讲话（2014 年 9 月 9 日）》，《人民日报》2014 年 9 月 10 日，第 2 版。
② 〔苏〕苏霍姆林斯基：《和青年校长的谈话》，赵玮等译，上海教育出版社，1983，第 171 页。
③ 《马克思恩格斯全集》第 37 卷，人民出版社，1971，第 283 页。

况。"过去讲，要给学生一碗水，教师要有一桶水，现在看，这个要求已经不够了，应该是要有一潭水。"①

总之，在新时代，高校思想政治教育传播者的角色逐步实现了从"传道者"向"把关者"和"引导者"的重要转变，成为当代大学生成长成才的引路人。为了更好地培养社会主义建设者和接班人，高校思想政治教育传播者要时刻铭记和践行"政治要强、情怀要深、思维要新、视野要广、自律要严、人格要正"的要求，坚持教书与育人相统一、言传与身教相统一、潜心问道和关注社会相统一、学术自由和学术规范相统一，"努力做精于'传道授业解惑'的'经师'和'人师'的统一者"②。新时代的高校思想政治教育传播者还要具备良好的媒介素养，能够搜集、分析、处理数据，不断将海量数据转化为有用的信息和知识，从而推动高校思想政治教育传播顺利开展。

二　从"被动受众"到"积极用户"：思想政治教育受众主体性的凸显

在传播学领域，对于受众的研究由早期的"枪弹论""强效果论"发展到后来的"自助餐厅"和"使用和满足"理论，体现出受众在传播中的地位和作用得到巨大提升。在过去，受众往往被传播者当作"靶子"，只是被动地、消极地等待信息的降临，处于一种你登我看、你播我听的状态，媒介的使用经常受到时间和空间的限制。例如，报纸每天或每周等发行一次人们很容易错过。再如，过去的人们经常聚集在一个地方收听广播、收看电视，可供选择的媒介类型和节目也十分稀少，受众往往成为"沉默的螺旋"。而如今，新媒体的发展延伸了受众搜寻信息和处理信息的能力，使受众不再是被动的、消极的、均质的信息接受者，而是具有主动性、积极性

① 习近平：《做党和人民满意的好老师——同北京师范大学师生代表座谈时的讲话（2014年9月9日）》，《人民日报》2014年9月10日，第2版。
② 《坚持党的领导传承红色基因扎根中国大地 走出一条建设中国特色世界一流大学新路》，《人民日报》2022年4月26日，第1版。

和个性的信息生产者，拥有了更多的传播自主权。有学者就提出，"受众"的概念不再能够精准地描述现今绝大多数传媒受众，应逐渐让位于更具主动意味的概念，即"传播使用者"或"信息消费者"；也有学者选用另一个更为普适的词语来描述受众，那就是"用户"，即"在传统媒介时代，我们称媒介内容的消费者为受众；在新媒介崛起后，这个词慢慢不再准确，乃至被用户彻底取代"。① 因此，在新媒体环境下高校思想政治教育传播对象的主体性得到了很大程度的提升，由"被动受众"向"积极用户"转变，其积极性主要表现在以下三个方面。

第一，信息关注与选择的自主性。一方面，对传播者传递的信息进行选择性注意与吸收；另一方面，积极通过各种搜索引擎主动获取自己感兴趣的信息，以满足多方面的信息需求。同时，在移动互联网和社交网络的帮助下，受众通过个人的社会关系构建起个人信息网络。例如，受众可以利用微博账号或微信公众号关注个人和定制话题，以随时随地获得相关信息。

第二，信息生产与传播的参与性。在新媒体环境下，受众逐渐由传播链条的末端转变为传播过程的中间环，即受众能够利用新媒体技术积极参与到信息的生产与传播上来，充当信息源头。一方面是受众利用论坛、博客、微博、微信等媒介平台发布消息、照片或视频，为思想政治教育传播提供内容和素材；另一方面是受众给喜欢的观点、照片、视频进行留言、评论和转发。

第三，受众涵化媒介，形成分众传播。媒介以受众个体为中心，通过利用大数据的跟踪与定位功能获取受众在互联网上留下的种种行为痕迹与消费痕迹，研究受众的思想和行为，预测受众的需要，传递或开发能满足受众需求和具有个性化的信息、产品、服务等。因此，受众的个性与特点决定了媒介内容生产的方式，媒介逐渐被受众所涵化。同时，受众积极性的凸显和地位的提高，带来了传播方式的改变，即大众传播逐渐向分众传

① 杨溟：《媒介融合导论》，北京大学出版社，2013，第176页。

播转化，传播者依据受众的性别、年龄、民族、职业、区域、文化背景、教育程度、经济水平、社会阶层等因素有的放矢地开展针对性传播。

尽管受众的积极性和主动性逐渐被传播者和受众自身所认识，但是英国著名传播学家丹尼斯·麦奎尔坚持认为："媒介产业巨大的宣传机器，即使在传播渠道已经大大增加的情况下，仍然准备开足马力将大众受众最大化，并且保持下去。"或者说，"只要'大众媒介'依然存在，关于受众的传统含义和传统现实，也将继续存在并且仍然适宜"。① 他解释道，"实际上，新技术的互动潜能很可能既'赋予权力'（empowerment）给接受者，同时也强化了媒介'传送者'（sender）的地位。实际上，新的电子媒介更大的交互潜能，起到了巩固传统受众的作用，因为它为发送者与接受者之间建立积极的互动关系提供了新的可能"。② 因此，"受众"的地位并没有得到根本改变，在多种因素的制约下仍表现出一定的被动性，这也是本书坚持用"受众"一词的原因所在。

首先，人的惰性和惯性易使受众具有被动性。尽管新媒体赋予受众更多的选择权和表达权，但受众由于自身的惰性总是愿意以最低的成本获取最高的回报，表现出很强的惰性和惯性。美国传播学者施拉姆曾设计了一个公式来证明受众是如何选择信息来满足自身需要的，即"选择的或然率＝报偿的保证／费力的程度"。也就是说，在预期报偿一定的情况下，费力的程度越低，选择的或然率就越大。因此，在信息过载的情况下，受众为了降低成本和少费精力，往往会依赖外界媒体信息所做的设置和安排，这也就导致了用户的被动性。同时，受众容易为自己的习惯所左右和固化，产生很强的惯性。例如，受众每天打开的网页或应用软件是相对固定的，每次在网络中浏览和关注的信息也是相对稳定的，久而久之营造出一个封闭的信息世界，即美国学者桑斯坦所谓的"信息茧房"③。在信息茧房中，受

---

① 〔英〕丹尼斯·麦奎尔：《受众分析》，刘燕南、李颖等译，中国人民大学出版社，2006，第177页。
② 〔英〕丹尼斯·麦奎尔：《受众分析》，刘燕南、李颖等译，中国人民大学出版社，2006，第178页。
③ 〔美〕凯斯·R.桑斯坦：《信息乌托邦》，毕竞悦译，法律出版社，2008，第8页。

众往往根据个人的需求和兴趣对信息进行片面择取，只选择那些与个人偏爱相关的主题和观点，从而导致信息单一、思维固化、消极被动。

其次，媒介强权致使受众在互动中的参与程度是有限的。从表面上看，受众对信息拥有选择性理解、记忆和接受的基本权利，能够根据自己的需要、兴趣、爱好和能力作出自由选择，没有人可以强迫他们。现实却是，受众的选择权、表达权和媒介近用权都被限制在一个非常狭窄的界域内，最终话语权始终把握在传播者手中，而非受众本身。因为传播者承担着"守门人"的职能，掌控着信息资源和传播渠道，决定着受众接受信息的种类、形态以及方式。经过传播者层层把关、筛选、控制、提炼和整合的信息才会到达受众手中。尽管传播者日益认识到受众的积极性，并通过开设大量有受众参与的谈话栏目和互动环节来努力调动受众的积极性，但仍然无法改变传播者对议程的预设与控制。例如，在众多的访谈节目中，仍以对名人名家的访谈节目为代表，虽然每一期节目都有现场观众的参与，但现场观众只是充当背景。在互动环节，现场观众所提出的问题也需要经过后期的剪辑才能进入传播的流程。因此，受众的积极性和自由权只是相对的，受众并不是随时随地都能以主动的接受者和传播者的身份而存在。

最后，信息鸿沟弱化部分受众的积极性。在分析受众积极性时，人们往往会预设在新媒体背景下受众享有充分接触和使用媒介的权利和条件，所有受众都能够平等地享有充分的媒介信息。但是，在广大的受众群体内，总存在一些少数的、边缘的群体，他们无法与主流人群一样获取媒介、利用媒介、接触信息。这一方面是受众在生理、心理、教育、经济等条件上的差异而产生的信息占有上的差异；另一方面与传播者如何分配信息资源有关，即在传播过程中，传播者往往更乐意向处于社会优势地位的受众群提供信息服务，常常忽略甚至排斥弱势受众的信息需求。在高校内，同样存在这样的弱势受众，例如：大学生是经济弱势群体，这个群体中的大部分经济状况不佳，勉强支付在校的正常生活开销，难以承受信息获取方面的高额费用。这些都应引起思想政治教育传播者的高度关注。

从总体上看，新时代的新媒体环境使高校思想政治教育传播受众的积极性和主体性有了很大的提升，高校思想政治教育传播受众尽管仍存在一定程度上和范围内的被动性，但较之传统思想政治教育传播模式中的地位有了很大的进步。

三　从"少量滞后"到"海量即时"：思想政治教育信息量的突破

美国科学家申农（Claude Elwood Shannon）是信息理论的早期奠基人。在 1948 年和 1949 年，他先后发表了《通信的数学理论》和《在噪声中的通信》两篇论文，对信息理论的基本问题进行系统阐述。他不仅设计了一个由信源、编码器、信道、译码器、信宿构成的信息传播模型，而且提出了"信息熵"的概念，通过概率论的观点对信息进行度量，为我们对思想政治教育信息的定量分析奠定了良好的基础。在信息技术飞速发展的今天，思想政治教育信息愈加纷繁复杂，对其进行定量分析须运用数学分析、线性代数、概率论、数理统计及计算机语言等知识，存在很大的难度。因此，本书将对思想政治教育信息的量进行一般描述。

高校思想政治教育信息的量是信息的规模、速度、程度以及排列次序等可以用数量表示的规定性。对于传播者来说，关心的主要是信息的发送量和反馈量；对于受众来说，关心的主要是信息的接收量和接受量；对于传播媒介来说，关心的主要是信息的承载量。

在传统的高校思想政治教育传播中，思想政治教育信息的传递主要依靠教师在课堂范围内的言传身教，一支粉笔、一块黑板是当时传播媒介的标配，这种传播方式在信息的传递上量少且滞后，存在很多的局限性。一方面，教师的课堂教学时间是有限的、固定的，一周只有一到两次的思想政治理论课；另一方面，教师的言传只能在有限的范围内进行，无法实现远距离传播。再加之语音符号容易转瞬即逝，还存在一音多义、同音异义的现象，使思想政治教育信息的长久性和准确性较差，容易被遗忘，甚至产生歧义和误解，造成思想政治教育信息传播的障碍，影响受众对思想政治教育信息的接收。虽然随着媒介技术的发展，报刊、广播、电视等大众媒介在高校思想政治教育传播中得到应用，使思想政治教育信息量丰富起来，但是不论是报刊的发行还是广播电视节目的录制，都会受到版面的限制或者节目时长的局限，而且经过严格编辑和审查的信息，往往在传递上"慢三拍"，实效性差。

但在新时代，互联网已经全面融入高校组织运行和学生学习生活，成为信息传播的新渠道、师生互动的新纽带、文化宣传的新载体，信息传递更具有开放性、便捷性、交互性，从而使高校思想政治教育信息在量上实现了突破。

第一，海量化。通过网络，传播者可以及时获取大量有价值的思想政治教育信息，从而源源不断地补充和丰富思想政治教育信息资源；还可以利用微博、微信、抖音等社交媒体与受众进行网上的互动与沟通，进一步促进高校思想政治教育信息的交流与共享，不断汇聚海量的、不同类型层次的信息，文本、图片、视频、音频等各种信息已经成为高校思想政治教育信息中增长较快的来源。同时，高校中物联网技术应用实现了数据收集与分析的自动化，为思想政治教育积累了大量有效的数据信息。此外，文献录入技术的发展、信息存储能力的提升以及存储成本的降低，使古往今来的思想政治教育海量信息能够被大量录入并免费存储在云空间，从而实现高校思想政治教育信息得到史无前例的大汇聚。

第二，碎片化。思想政治教育信息不仅海量，而且呈现碎片化的趋势，即信息内容愈加短小精悍、言简意赅。一方面是因为传播载体的移动性使传播时间被分割得更加琐碎，受众在乘车途中、茶余饭后等零散的时间内难以对繁杂冗长的信息感兴趣；另一方面是由于信息的高速流动性改变了受众的阅读方式和习惯，大家需要用更快的方式吸收更多的内容，人们对信息有快速阅读和传播的需要，短小精悍的"微言微语"反而更受青睐。因此，高校思想政治教育传播也契合了这种社会信息化、时间碎片化的发展要求，传播信息变得更加简短、新颖、有重点，传播信息可以是通过微博、微信传递的一张图片、一句话或一小段话，也可以是微电影播放的一小段视频。这些微内容较以前的传播信息更具有即时性、互动性、视觉性，简洁明了、有的放矢，容易获得受众的注意和兴趣。同时，信息因为篇幅较小具有更多的灵活性，在思想政治教育传播过程中容易被更快速地传递出去，但仍需要警惕思想政治教育信息碎片化发展所带来的信息同质化和信息泛滥等问题。

第三，即时化。在新媒体时代，发生在任何地方的大小事件都会以最快的速度传播到校园的每一个角落，受众可以在第一时间便捷和高效地掌握思想政治教育的最新消息。一方面，思想政治教育信息传播渠道的多样化发展，突破了课堂、报纸、广播和电视等在空间和时间、版面和时段方面的限制，思想政治教育能够凭借微博、微信、客户端等新媒体的便捷性来实现信息的即时更新；另一方面，用于高校思想政治教育传播的新媒体拥有庞大的用户群和复杂的关系网，容易使思想政治教育信息以几何级的速度得到转发并进行裂变式传播。

第四，分布不均。在新媒体时代，人人都有麦克风，实现了"所有人对所有人"的传播，有力拓展了受众的信息空间。但事实上，每个人在经济、政治、文化、心理以及兴趣爱好等方面存在一定程度的差异，这就使思想政治教育信息在不同受众身上呈现接收量和接受量的差异，即不均性。一方面，经济条件较好、拥有先进信息技术、能够熟练应用新媒体的受众会比缺乏这些条件的人拥有更多获得思想政治教育信息的机会；另一方面，政治觉悟高、有强烈思想政治教育信息需求的受众较政治冷漠者更容易接受思想政治教育信息。因为每个人都是有信息偏好的，人们习惯根据个人的需求和兴趣对信息进行片面择取，容易将自己禁锢在"信息茧房"里。在新媒体时代，信息的定制化与个性化发展将导致思想政治教育信息的这种不均性呈扩大而非缩小之势。

此外，高校思想政治教育信息的生命周期深受新媒体环境的影响。"生命周期"是生命科学术语，是指生物体从出生、成长、成熟、衰退到死亡的全部过程。早在1981年，美国信息资源专家卡伦·列维坦在《作为"商品"的信息资源生命周期》一文中就指出，信息是一种特殊的商品，具有生命周期的性质，文中用生命周期模型来描述信息资源。1986年，霍顿与马尔香提出了"信息生命周期管理"的概念，把信息生命周期总结为"创建、采集、组织、开发、利用和清理"六个阶段，推动了信息生命周期研究的发展。我国学者望俊成在继承前人研究成果的基础上提出了"信息生命的 LDP 状态"，即用生命长度（Longevity）、生命强度（Density）和生命模式（Pattern）三个指标来描述信息的生命状态，以探讨信息生存的现状与规律①，为我们把握新时代新媒体环境下高校思想政治教育信息的生命周期提供了良好的启示和借鉴。

在高校思想政治教育传播中，思想政治教育信息亦存在产生、发展与消亡的生命过程（见图 3-1），一般经历引入期、成长期、成熟期和衰退期四个时期。

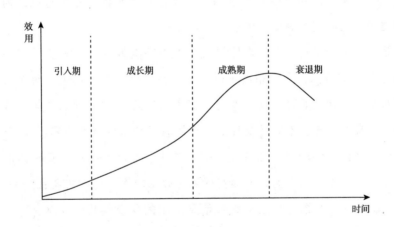

图 3-1 信息的生命曲线

在引入期，即信息诞生的初期，信息由于尚未被受众所熟知，不能马上发挥效用，发展缓慢。到了成长期，信息逐渐被多种媒介力量广泛传播，并得到受众大规模、大幅度的吸收和利用，其效用也就显著增长，使受众的需求在不同程度上得到满足。在成熟期，信息价值逐渐达到饱和点和最高峰，发展平缓。而在衰退期，信息的效用开始减退，并淡出受众的视野，

---

① 望俊成：《网络信息生命周期规律研究》，科学技术文献出版社，2014，第 23 页。

信息或被删除，或链接失效，直至信息活动停止。

　　事实上，信息的生命曲线并非总是标准 S 型，而是会依据环境的差异呈现不同的趋势：有的信息能够得到持续关注，但有的信息转瞬即逝，体现出信息生命的长短不一；有的信息能够被高频传播、重复转发，而有的信息被置之不理、无人问津，反映出信息生命的强度不同。

　　如图 3-2 所示，在平稳型的生命模式中，信息从发布之初就被受众持续关注，并且有着稳定的利用率。随着时间的推移，信息的生命线起伏不大，较为平稳，该类信息的生命强度适中但寿命较长。标准 S 型是信息生命模式中最为常见的类型，信息在发布后逐步获得受众的关注和利用，利用率缓慢攀爬至顶峰，之后缓慢下降。其高利用率发生在生命的中期，接近正态分布。在昙花一现型的生命模式中，信息在发布后即刻得到高度关注，利用率迅速增长至顶峰，随后由于受众注意力的转移而迅速下降。与标准 S 型模式不同的是，该类信息的高利用率出现较早，势头强劲，时效性较强的时政新闻类信息就属于这种，这类信息一般具有生动的标题、权威的来源以及受到头条推荐。睡美人型的生命模式的信息一般在发布之初并没有引起受众的足够关注而陷入沉睡状态，直至一段时间后受到某个事件的触发而被唤醒，突然间获得大量关注。该类信息往往生命短暂。

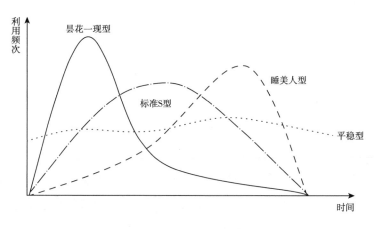

图 3-2　信息的四类典型生命模式

资料来源：望俊成：《网络信息生命周期规律研究》，科学技术文献出版社，2014，第 148 页。

　　高校思想政治教育信息之所以出现不同的生命周期和生命模式，主要受到信息自身、受众以及信息渠道等诸多因素的影响。

　　第一，信息自身方面因素。一般而言，真实性高、及时性好、权威性强、可读性佳的思想政治教育信息容易为受众所持续关注，生命旺盛且周期长。互补性强的信息也能够延长信息的生命长度，因为如果某个信息在内容上刚好与其他信息形成互补的话，受众在使用其他信息时，也必然会需要利用该信息。这种信息间的互补关联在某种程度上能够起到信息推荐的作用，帮助已经淡去的信息再次得到关注，也就延缓了其老化的速度、延长了其生命长度。例如，在思想政治教育网站上发布了一条新闻信息后，感兴趣的受众会试图从微信、微博、论坛等渠道搜集更多与之相关的历史背景与名人评论等以进行话题的深入了解，从而使相关信息得到更多人的关注。随着信息化朝着数字化、智能化的方向发展，相关信息会自觉主动地呈现在受众的眼前，供受众自由选取，更加突出了信息关联的重要性。反之，信息如果同质化现象严重、替代性高，往往难以脱颖而出，最终会导致老化速度加快、寿命缩短。此外，思想政治教育信息的整体增长速度决定着信息的生命长短，即整体增长速度越快，信息的更新率就越高，就越容易转移受众的注意力，原信息的老化速度也越快。

　　第二，受众方面因素。由于受众在年龄、性格、思想、行为、知识、阅历等方面的差异，每个受众有不同的信息偏好和使用习惯，思想政治教育信息的生命状态自然会呈现显著的差异。同一受众在不同时间、环境和心情的影响下也会对同一信息的价值存在不同的认知和评价。例如，时间的紧迫会导致信息失去被受众细细品味的机会，其内在的核心价值也容易被忽略，从而降低了该信息被重视的程度和被使用的频次，也就加快了信息老化的进程。受众的信息素养也是影响信息生命周期的重要因素。面对纷繁复杂的信息世界，受众如果没有较强的信息敏感性，没有良好的信息检索、获取、处理、交流、创新和开发的能力，就很难辨别思想政治教育信息的真伪及价值的大小，严重影响思想政治教育信息的生命周期。受众间的信任度也影响思想政治教育信息的使用情况和老化进程。一般而言，受众间的信任度越高，受众就越会关注其信任的人正在关注、使用和推荐的信息，进而提升该信息的利用率，相应地延缓该信息的老化速度。这种信任当产生权威效应或马太效应的时候，对信息生命力的影响就会更加显著。

第三，信息渠道方面因素。思想政治教育信息的存在总是依附于一定的载体和渠道，例如报刊书籍、广播电视、网站网页、微博微信等。载体和渠道本身的不同知名度和权威性首先会造成相同信息的不同生命状态。其次，思想政治教育信息在各个渠道的"可看见度"和"可获取度"会直接影响其老化速度和生命长度。思想政治教育信息如果在微博、论坛中被置顶、被特推，在报刊、书籍中被列为头版头条、十大精选，就能直观地引起受众的注意和关注，就会获得巨大的访问量、下载量、引用率和转载率，这些信息老化速度慢、生命力强；反之，思想政治教育信息容易被信息浪潮所吞没，或被人束之高阁，生命周期短。最后，载体的存储空间也是影响思想政治教育信息生命周期的客观因素。存储空间的大小直接决定可承载信息的容量和可被保存的时间，一旦存储空间被占满，受众就会对信息进行重新整理，并删除那些陈旧信息，这些信息的生命周期就会迅速缩短。同时，网页的稳定性和服务器的速度决定了思想政治教育信息的生命周期。网页稳定、链接迅速的信息更容易为受众所获取，生命周期较长。

总之，在新时代，新媒体的发展决定着高校思想政治教育信息量的大小和生命周期的长短，在信息的生产、组织、利用和管理过程中发挥着巨大的作用。

四　从"壁垒高筑"到"互联互通"：思想政治教育新旧媒介的融合

美国学者罗杰·菲德勒在《媒介形态变化：认识新媒介》一书中指出，人类传播体系的媒介形态大变化划分为三个阶段：第一次是口头语言的兴起促使早期广播领域的出现；第二次是书面语言的产生催化了印刷时代的到来，报纸由此诞生；第三次是电在传播中的应用和数字语言的出现，使传播媒介形态的演化和扩展以惊人的速率在加速。[①] 也有学者指出："迄今为止，媒介技术共经历了口语、文字、印刷、电子、数字等五次革新。"[②] 可以说，每一次变革都极大地提高了人类信息传播的能力，媒介也越来越成为高校思想政治教育传播发展的重要力量。从最初的口头媒介，发展到如今的数字媒介，我国高校思想政治教育传播的媒介形态经历了深刻的变化，已经从传统媒体走向了新兴媒体，由单一化转向多元立体化，并不断促进新旧媒体的并存互补、协调共生。

在过去，高校各大传统媒体为了抢占新闻头条和获取受众，往往各自为政、相互排斥，设置了道道无形的壁垒，这难以实现资源的流通和信息的共享，带来了资源上的浪费。根本原因在于它们在科技手段、管理体制、运营机制、文化价值观上的差异。例如，报纸以印刷术为基础，以对信息的深度挖掘为专长，善于对事件进行深度报道，强调以文化人；而广播是基于无线电波、以声音符号为介质的媒体，适合应用于音乐休闲类、信息咨询类节目，擅长以情感人；而电视是一种集声音、文字、图像等形式于一体的媒体，画面直观形象，能够让受众听其声、观其形、见其状，富有感染力，强调综合性传播。三者各成一体、缺乏互动。

而互联网的出现逐步打破了传统媒体间的藩篱，实现了媒体间的融合。当前新媒体环境下高校思想政治教育传播媒介的融合主要有三个层次，"第一个层次是媒介互动，即媒体战术性融合；第二个层次是媒介整合，即媒体组织结构性融合；第三个层次是媒介大融合，即不同媒介形态集中到一个多媒体数字平台上"。[③] 首先，高校报刊、高校广播、高校电视等传统媒体之间及其与新媒体之间进行交互合作。例如，高校广播中经常开设的"新闻和报纸摘要"板块以及高校电视中《有报天天读》节目；再如，传统媒体与新兴媒体生产的内容信息常被相互转载使用，有助于实现传播效果

---

① 〔美〕罗杰·菲德勒：《媒介形态变化：认识新媒介》，明安香译，华夏出版社，2000，第48—70 页。

② 徐振国、魏同玉等：《媒介技术影响教育形态变革：历程、规律及启示》，《数字教育》2023 年第 3 期。

③ 宫承波：《媒介融合概论》，北京广播电视出版社，2011，第 17—18 页。

的最大化。其次，众多高校不仅先后成立了新闻中心，新闻中心对校园媒体进行统一管理，而且借助网络平台推动传统媒体向新媒体转型。例如，高校中普遍使用的数字报、电子期刊、网络广播、IPTV 交互式网络电视以及官方微博、微信，都在一定程度上改变了人们的阅读方式和视听方式，增强了传播者与受众间的互动性。最后，高校纷纷借助于能有效融合多种媒介的客户端来实现传统媒体的转型和新旧媒体的融合，实现信息的实时更新、信息的多向反馈，给大学生思想政治教育带来一种全新的媒介应用方式。

综上所述，新媒体环境下高校思想政治教育各个传播要素所发生的变化是深刻的。只有正确认识和把握这些变化，才能推动思想政治教育传播效果的提升。

第三节　新时代高校思想政治教育课堂教学传播的转向

随着网络技术的不断革新，MOOC、SPOC 等新的在线网络课程在我国高校迅速火热起来，特别是对基于在线课程的混合式教学模式的积极探索，为我国高校思想政治教育传播带来了一场颠覆性革命。

一　从 MOOC 到 SPOC：高校课程样态的新发展

MOOC（Massive Open Online Course），即大规模在线开放课程，简称慕课。慕课最早在美国兴起，是由网络远程教育和视频课程演变而来的。2008年，加拿大曼尼托巴大学开设的一门名为"连通主义与关联性知识"的课程，就是以慕课形式出现的，但并没有得到重视。直至 2011 年，斯坦福大学教授巴斯蒂安·特隆开设了"人工智能导论"课程，超过 16 万人进行了注册学习，从而在国际上引起了广泛关注。2012 年，全球更掀起了一股MOOC 风暴。哈佛、斯坦福、麻省理工学院等美国名校不约而同加入进来，还开发出 Coursera、Udacity 和 edX 三大著名的慕课平台，面向全球提供在线课程资源。"截至 2013 年 3 月 1 日，大约有 80 万名来自 192 个国家的学生学习了由 edX 平台提供的 26 门课程。2013 年 5 月，清华大学和北京大学加入了 edX 在线课程平台。7 月，上海交通大学和复旦大学也与 Coursera 在线课程平台签订协议，正式加入 MOOC 大家族。"① 自此，开启了我国课程改革的新路，2013 年也被称为中国 MOOC 元年。多年来，在政府的大力支持和高校的积极参与下，高校 MOOC 蓬勃发展，已经建起了类型多样、门类健全的高质量慕课体系。截至 2024 年 12 月，全国建成各类在线课程平台 30 余个，上线慕课超过 9.7 万门，学习人数达 13.9 亿人次，我国慕课数量和学习人数均居世界第一。②

其实，MOOC 并不神秘，它根植于传统课堂，同样拥有知识点讲授、问题探讨、课后作业、延伸阅读、测试评估等教学因素，课程结构完整。但是"上述每一种教学要素均扮演着与传统课堂不同的角色。当这些要素有机结合为一个整体时，其所被赋予的原始内涵也悄然发生了变化"。③ 例如，MOOC 的课堂规模更大、参与人数更多，而且学习者无论具有怎样的文化背景，都可以通过注册慕课平台账号选择需要的课程开始学习；同时，学习时间具有很强的灵活性，学生可以在大致的时间范围内根据自己的安排开展视频学习，并且自主地控制学习进度，甚至进行反复学习，从而真正把学习的主动权交给了学生；此外，授课内容短小精悍，视频大多只有 10 分钟左右，与传统课堂 40—50 分钟的教学时长存在很大不同；特别是在问题探讨环节，学生可以就学习中的疑点和难点发出讨论帖，引发教师、助教及其他学习者的自由探讨，而不是传统的"我问你答"的模式。总之，MOOC 具有鲜明开放性、自主性、交互性、即时性等良好特点，能够将课堂教学、学习体验、师生互动等环节融为一体，实现了对传统课程的颠覆。

尽管 MOOC 作为一种新的课程模式，对高等教育的变革作出了积极贡献，但是随着 MOOC 的发展，学习中的一些问题也开始产生。例如，MOOC

---

① 艾四林：《MOOC 与高校思想政治理论课教育教学创新》，北京大学出版社，2014，第 46 页。
② 《我国已上线慕课超 9.7 万门》，新华网，https://baijiahao.baidu.com/s? id = 18182302652 41162343&wfr = spider&for = pc，最后访问日期：2025 年 5 月 7 日。
③ 〔美〕乔纳森·哈伯：《慕课：人人可以上大学》，刘春园译，中国人民大学出版社，2015，第 64 页。

的教育质量如何保证，谁能证明参加慕课的学生勤奋且诚实地完成了自己的课后作业，谁又能保证这些学生在在线考试中没有作弊行为，如何判断慕课的注册者与实际学习者是同一个人，如何看待 MOOC 中的高辍学率和低完成率问题，MOOC 的学分如何在社会和高校中得到认证和认可等。因此，MOOC 在质量监控、课程认证、学分认可、高辍学率等方面存在的问题不得不被学界重视起来。有学者就指出，"如果慕课真正要与限制班额、教师直接评阅所有学生作业课程平分秋色，获得尊重与认可，那就需要消除潜在的作弊、剽窃及其他形式的学术不端行为"。① 基于此，小而精的课程——SPOC 开始被提上日程，并被认为是"后 MOOC 时代"在线课程学习的新形式。

SPOC（Small Private Online Course），即私播课，是指小规模限制性在线课程。所谓"小规模"，是指学生人数一般为几十到几百人；"限制性"是指设置课程的准入条件，达到要求的学生才能注册课程。SPOC 尽管与MOOC 一样开放且免费，而且秉承了 MOOC 的教学设计和理念，但与 MOOC 在很多细节方面仍存在差异。具体表现有：在课程性质上，MOOC 是网络课程，而 SPOC 是网络课程与实体课程的融合；在价值取向上，MOOC 的目的是将最优质的教育资源传递到全球每一个角落，而 SPOC 主要是利用优质MOOC 改进教学质量；在开放性上，MOOC 完全开放，而 SPOC 是限制申请；在学生人数上，MOOC 无上限，而 SPOC 要求小规模；在学习形式上，MOOC 实行线上学习，而 SPOC 是线上加线下的混合学习；在课程期限上，MOOC 课时较短，平均 4—8 周，而 SPOC 课时较长，约 18 周；在结课率上，MOOC 很低，而 SPOC 很高，几乎 100%；在师生互动上，MOOC 互动困难、缺乏交流，而 SPOC 能够进行面对面、一对一的交流和讨论；在评价形式上，MOOC 采用线上测验、机器评判以及同伴互评等方法，而 SPOC 除在线评价外，还包括课堂测试和互动。总之，SPOC 能实现 MOOC 与传统校园教学的有机融合，有效弥补 MOOC 与传统课堂教学的局限，为学生量身

① 〔美〕乔纳·唐纳森、埃利安·阿格拉：《大规模开放：慕课怎样改变了世界》，陈绍继译，华东师范大学出版社，2015，第 11 页。

定制合适的课程，使优质开放的教学资源真正实现有效共享。有学者就指出，"SPOC 是将 MOOC 与课堂教学相结合的一种混合式教学模式，是 MOOC 的继承、完善与超越。"① 其基本形式是"在传统校园课堂采用 MOOC 讲座视频或在线评价等功能辅助课堂教学"②。因此，SPOC 不是 MOOC 的竞争模式，而是一种促使 MOOC 可持续发展的模式，其目的在于将 MOOC 的潜能更好地发挥出来，赋予学生深度的学习体验，实现个性化教学，提升高等教育的质量。

总之，从传统课程到 MOOC，再到 SPOC 的发展，高校课程获得了巨大飞跃，也为我国高校思想政治教育课堂教学传播模式的改革提供了坚实的基础。

二 从"先教后学"到"先学后导"：基于 SPOC 的翻转课堂教学传播模式的探索

在新时代，随着思政类在线课程的高质量建设与发展，我国高校思政课逐步改变传统教学中"授—受"的单向传播旧模式，开始了基于 SPOC 的翻转课堂教学模式的探索，真正实现"以学生为中心"的教学范式变革，促进了教育信息的有效接受。

翻转课堂（Flipped Classroom）是一种"课下预习—课上答疑"的"先学后导"的教学模式，完全颠倒了传统的"先教后学"的课堂授课顺序，即"在传统教学模式中，要求学生首先在课堂上聆听教师讲课，下课后完成家庭作业、案例探讨、项目合作等任务。翻转课堂模式逆而行之，首先要求学生在课下观看教授的讲座视频，将宝贵的课堂时间节约下来进行团队探讨、答疑解惑、项目合作等任务，目的是增加教师与学生之间、学生与学生之间的交互性合作与交流机会"③。因此，翻转课堂与传统的"课上

---

① 曾明星：《从 MOOC 到 SPOC：一种深度学习模式建构》，《中国电化教育》2015 年第 11 期。

② 徐葳、〔美〕阿曼多·福克斯：《从 MOOC 到 SPOC》，《现代远程教育研究》2014 年第 4 期。

③ 〔美〕乔纳森·哈伯：《慕课：人人可以上大学》，刘春园译，中国人民大学出版社，2015，第 208—209 页。

听讲—课后答疑"的教学模式有着明显的区别，实现了多重转变。

首先，教师角色发生了转变。在翻转课堂教学模式中，思政课教师不再是"讲台上的圣人"，而成为学生线上和线下学习的指导者和启发者。在课前，教师精心制作教学视频，为学生提供内容丰富的阅读材料；在课上，则侧重师生的互动和问题的解决，使原本 90 分钟的讲课时间转换成师生间、生生间自由交流的互动时间，能够充分调动学生的主动性和积极性，实现思想交流和观点碰撞，及时为学生提供良好指导与精细服务。因此，通过翻转课堂，"高校思想政治理论课更多地从静态知识传授转为'以问题为中心'的智能化教育"①，实现从"以教师为中心"向"以学生为中心"转变。

其次，学生的学习方式发生了转变。学生在翻转课堂模式下，能够在课下灵活安排学习的节奏，并根据自身的能力制定合适的学习策略，使学习日益自主化和个性化。美国学者哈伯曾经说道："对学生而言，以录音或者录像形式保存的课堂讲授还能够为其提供一项额外福利——他们的双手可以在暂停键、快进键与快退键之间自如切换，根据自己的接受能力与理解程度调节讲座进步的快慢，而这种建立于不同个体情况上的灵活控制在传统课堂讲授中是难以想象的。"② 因此，随着学习方式的改变，学生也逐步由"被动接受者"向"主动研究者"转变。

最后，反馈信息的获取方式发生了转变。在翻转课堂中，思政课教师能够利用 SPOC 平台对学生在线学习的即时数据和关联数据进行即时采集和迅速分析，从而得到精准的反馈信息。例如，思政课教师通过分析学生观看视频的时长与次数、话题讨论的关心度与参与度、随堂测验的准确率和通过率等数据，能够发现学生思想轨迹的差异和学习模式的不同。我们也可以进一步采用数据挖掘、机器学习等大数据的分析方法对这些相关数据进行分析和处理，从而更深刻了解不同教育对象的思想行为特征及其对教

---

① 艾四林：《MOOC 与高校思想政治理论课教育教学创新》，北京大学出版社，2014，第 46 页。
② 〔美〕乔纳森·哈伯：《慕课：人人可以上大学》，刘春园译，中国人民大学出版社，2015，第 68—69 页。

育信息的接受认同程度，以全面真实地把握教育对象的学习兴趣和心理需求。在此基础上，思政课教师还可以有针对性地调整教学内容和学习环节的形式及顺序，进一步为学生推荐量身定制的学习策略。

总之，在新时代，高校思政课积极顺应信息化浪潮和教育数字化转型的趋势，对基于 SPOC 的翻转课堂教学模式进行了主动探索，SPOC 翻转课堂教学模式不仅借助了在线课程的优势，满足了不同学习者的多元需求和个性要求，而且继承了传统课堂教学的优势，为师生面对面交流互动创造了条件，从而在优势互补中实现了高校思政课教学传播效果的不断提升，推动教学传播由单向传授转向双向互动、变得更加立体多维。

第四章　新时代高校思想政治教育传播难题

在新时代，高校思想政治教育传播始终坚持正确的政治方向和舆论导向，在提升大学生思想政治道德素质、巩固主流意识形态阵地上发挥积极的作用。但是随着社会信息化的深入发展、传播格局的深刻变革，各种思想文化在高校内的交流交融交锋愈加频繁，从而使高校思想政治教育传播工作面临把关疲软乏力、信息量质失衡、媒介融合不足、模式转型较难等多重困境，迫切需要我们进行全面审视、认真剖析、深挖根源，为进一步加强和改进高校思想政治教育传播做好铺垫。

第一节　把关疲软乏力

尽管高校思想政治教育传播者的角色已经实现由"把关人"向"引路人"的转变，但并没有改变其对信息进行把关的职责，尤其是在纷繁复杂的信息环境中，虚拟与现实、线上与线下等界限日益模糊，把关的需求更是与日俱增。然而，高校思想政治教育传播中面临把关人权力弱化、把关人角色泛化、把关过程片面化等把关乏力的问题。

一　把关人权力弱化

在过去，高校思想政治教育传播者能够凭借自身在信息上的天然优势，通过对信息的仔细审视、反复比较、精删细改来进行层层把关。但在新时代，新媒体的崛起使大学生不再被动受教育传播者提供的信息范围制约，而是积极寻获自己感兴趣的信息，进而发"声"传"信"，从而打破了传播者在信息上的垄断地位，使传播者的把关权力逐渐被削弱，具体表现在以下三个方面。

第一，新媒体的即时性使思想政治教育传播者不能严格把关。新媒体技术的运用打破了传统媒体定时定点传播的规律，突破了信息传播在时间空间上的限制，使受众可以通过手机、电脑、平板以及其他智能终端随时接收信息、即时发布信息，纵然相隔千里，也能实现信息的互通有无。因此，面对信息的即时更新和瞬息万变，传播者往往来不及把关；即使有"把关"行为，也会因为"即时性"的要求而容易缺乏周密考虑和慎重筛选。所以，在一定情况下，传播者的信息"质检员"身份逐渐淡化，他们甚至成为"消防员"，经常在突发性事件中"抢险救援"。

第二，新媒体的交互性使思想政治教育传播者把关权力分散。新媒体改变了传统的自上而下的、线性的、单向的思想政治教育传播模式，赋予了受众更为丰富的信息渠道，具有更强的选择性和交互性。受众可以根据自己的兴趣和爱好进行信息的择取、活动的参与以及意见的表达，拥有了一定的话语权，但"表达渠道的扩展，带来话语力的分散和碎片化"，"民众在各种问题上发出自己的声音，消解了原有的权威话语中心"。① 美国学者尼古拉斯·尼葛洛庞帝曾指出，权力的分散是数字化生存四大特质之首。一部计算机技术的发展史，就是一部从集权不断趋向分权的历史。新传播技术的"递进式演变，在逐渐地拓展着传播渠道、扩大着时空范围，而宽阔、多元的传播渠道和传播技术正影响着新闻事件中话语传播的价值和效果"。② 因此，众多话语权力中心的崛起，势必分散把关人对传播过程的把控权。

第三，受众"前理解"日益丰富，挑战思想政治教育传播者的信息权威。在新时代，新媒体的应用改变了把关人对信息的优先占有，受众和传播者在信息获取上机会均等，彼此信息占有量的差距不断缩小，甚至出现"反哺"现象。也就是说，当前我们社会正在发生一个重要的变化，即"文

---

① 陈力丹：《新媒体的发展趋势与悖论》，《人民日报》2015 年 10 月 11 日，第 5 版。
② 〔英〕詹姆斯·卡伦：《媒体和权力》，史安斌、董关鹏译，清华大学出版社，2006，第 7 页。

化知识的来源从老一辈开始变成新的一代，判定的标准也从老一代变成新的一代"，"青年一代拥有新的知识结构和能力，不仅在时尚发布、多媒体操作和互联网技术方面占有优势，而且在科学知识、价值观念、消费意向、生活方式、审美情趣、社会态度等层面不同程度地影响和改变着他们的长辈，有可能将我们社会中原本的教化者和被教化者的关系倒个个儿"。① 因此，思想政治教育传播者的信息权威和把关地位不断弱化。

二　把关人角色泛化

当前，互联网的深入发展已经使当代大学生实现了网络化生存。大学生们除了从课堂、校报、电台等传统媒介获取信息外，也把网络贴吧、论坛、微博、微信等其他新兴媒体作为信息获取的重要渠道。因此，在高校思想政治教育传播中，承担把关人角色的除了党政人员、思政课教师、辅导员、班主任、学生干部外，许多的论坛版主、博客博主、微博大 V、微信群主等"意见领袖"也参与其中。他们经常洞察校园和社会各个领域的发展动向，喜欢在第一时间传达新的思想政治教育讯息，甚至对此进行分析和解读。与此同时，新兴媒体发展带来的新的社会关系革命，使网下的社会关系网，可以在网上得到重新编织，网络空间被切割成了无数大大小小的圈子，形成了各种论坛社区、QQ 群、朋友圈。一般来讲，圈子内的同学、亲人或朋友之间有着较强的互动性和较高的信任度，这些人也更容易起到"意见领袖"的作用。

由此可见，随着新媒体的发展，越来越多的人获得了网络话语权，从而使意见领袖作为把关人的角色日益泛化，而且把关人的身份庞杂化，加之部分意见领袖还存在话语失范等问题，则进一步消解着高校思想政治教育传播者的把关权威。一方面，部分意见领袖不具有专门的思想政治教育方面的理论知识和道德素养，难以准确核实每一条思想政治教育信息的真伪，不可避免地存在不符合真理的意见表达；另一方面，部分意见领袖在

---

① 李颖：《基于哲学解释学视角的思想政治教育接受研究》，浙江大学出版社，2013，第 140 页。

认识价值问题时缺乏理性思考，甚至为了追求所谓的"点击率"，不得不背弃应有的道德准则和社会责任，随意发表言论，捏造虚假信息，制造流言蜚语，甚至导致群体极化事件，难以发挥其榜样示范和社会引领的作用。因此，把关人角色的泛化也会带来把关难题。

三 把关过程片面化

在高校思想政治教育传播中，把关者并非价值中立的，而是要根据一定的标准对信息进行加工、整合、审核，使之与社会主流意识形态的立场、观点、价值相一致。因此，对信息的事前把关是十分重要的。但传播者往往容易产生一劳永逸的想法，认为只要做好信息传递前的审核就完事了，而忽视对整个信息传递过程的持续监测和把控，具有一定的片面性，容易带来传播的盲目性。这就要求传播者不仅要做好事前把关，确保思想政治教育信息的真实性和准确性，而且要时时关注信息在传递过程中的变化和反馈、推进传播过程的整体发展，从而实现全程把关。

此外，对高校思想政治教育的把关，不应只是重视对信息本身的把关，也要拓展把关的维度，实现全面把关。首先，在传播方法上的把关，要求传播者根据信息的特点和受众的思想行为特征进行方法上的因地制宜、因人制宜、因事制宜、因时制宜。因为"把关行为远不是简单的选择和拒绝"，"把关人要经常改变那些在运转过程中保留下来的信息的形式和内容"[1]。其次，对思维方式的把关，要对大学生的思维方式进行引导和调节，使其形成正确的思维模式和思维路径，使其能够辩证地看待问题，不至于为错误的信息所误导。有学者指出，"将单纯对教育内容的筛选转移到结合思维方式的控制上，两者有机结合，促进学生把正确的理论观念和价值理念转变为自己的思想行为。从这个意义上讲，对学生思维方式的把关比简单地对内容的把关要重要得多"[2]。最后，对环境的把关，就是传播者要在高校内加强正面宣传策划，强化负面舆情监管，规范网络传播秩序，努力

---

[1] 宫承波：《传播学纲要》，中国广播电视出版社，2007，第100页。

[2] 张雷：《传播理论与大学生思想政治教育有效接受研究》，浙江大学出版社，2015，第105页。

营造健康向上的舆论环境。

第二节　信息量质失衡

"信息，曾经稀缺，如鱼子酱一般珍贵；现在，却跟土豆一样充足，被视作理所当然。"① 随着新时代的到来，信息增长迅猛，越来越像洪水一般将人淹没；传播者的把关又日益疲软乏力，不能对纷繁复杂的信息进行去伪存真、去粗取精、趋利避害的处理，从而使高校思想政治教育信息面临量质失衡的严重问题，具体表现在信息泛化、信息匮乏以及信息噪声等方面。

一　信息泛化

美国学者戴维·申克（David Shenk）曾形象地用"信息烟尘"来描述信息爆炸，指出"一股黑压压的'信息烟尘'已经飘了过来"。② 的确，与传统媒体相比，新媒体所承载的信息量呈指数增长，在人们每天睁开眼的那一刻起，各种信息就扑面而来。正是在这种时代背景下，高校思想政治教育传播的信息存在严重的泛化问题，不容忽视。

（一）思想政治教育信息边界模糊

高校思想政治教育传播者作为思想政治教育信息的加工人和把关者，必须按照一定的价值和标准对社会信息进行选取和整合，之后将其纳入思想政治教育传播的运行系统。因此，思想政治教育信息不是漫无边际的，而是有着明确的思想信息内容和范围。然而，随着社会实践的深入和信息技术的发展，社会信息愈加纷繁复杂，高校思想政治教育传播的信息也变

---

① 〔美〕戴维·申克：《信息烟尘：在信息爆炸中求生存》，黄锫坚等译，江西教育出版社，2000，第11—12页。

② 〔美〕戴维·申克：《信息烟尘：在信息爆炸中求生存》，黄锫坚等译，江西教育出版社，2000，第10页。

得十分宽泛、边界模糊不清。有学者曾指出，"思想政治教育似乎成了'无边无际'的学科，什么都是思想政治教育，泛化于社会生活的一切领域，思想政治教育学科什么都能研究，什么样的内容都可以往这个'大口袋'里装"。① "道德教育、心理健康、法治教育、环境教育、生命健康教育等等，甚至包括和谐社会建设、社会管理创新、行政管理改革、政治文化等都可以包括在内。上到国家意识形态的宏大叙事，下至公民的日常生活百态，似乎都可以纳入思想政治教育的研究主题中。"② 因此，思想政治教育信息的泛化，势必造成思想政治教育传播者把关的困难。

之所以会产生思想政治教育信息泛化现象，主要有两个方面的原因。一是部分学者没有弄清思想政治教育学科的定位，将思想政治教育的功能过度夸大。例如，有学者指出，"有人的地方就有思想，有思想就有思想政治教育"。在这种定位下，思想政治教育传播仿佛成了"万金油"，什么都在其职责之内，那么就必然导致思想政治教育信息的泛化。二是"思想政治教育学科领域'进入'门槛的长期缺失或偏低，使得那种空有思想政治教育学科的虚名，其真正从事的却是非思想政治教育学科专业研究的现象也就得以轻易地大行其道，更有甚者思想政治教育成了很多学科从业人员'借船出海'的暂缓之计"。③ 这也是思想政治教育信息边界模糊的重要原因。

因此，思想政治教育传播者有必要树立"边界意识"，在高校思想政治教育传播的实践活动中对思想政治教育信息始终保持应有的自觉和明确的判定，坚持正确的政治立场和价值观点。思想政治教育信息一旦缺乏边界，就会出现粗糙、模糊乃至混乱的情况，带给受众的感受也必将是疑惑、反感乃至排斥，难以让人产生认同感，最终会严重影响高校思想政治教育传播的现实效果。

---

① 叶方兴：《思想政治教育"边界意识"的书写》，《中共南京市委党校学报》2013 年第 5 期。
② 金林南：《思想政治教育学科范式的哲学沉思》，江苏人民出版社，2013，第 50 页。
③ 吴朝国、孙群：《论思想政治教育的泛化》，《思想教育研究》2013 年第 9 期。

（二）思想政治教育信息泛滥

思想政治教育信息的泛化还体现为思想政治教育信息的泛滥，即高校思想政治教育者的过度传播带来了信息数量的急剧增长，以至于信息量超出了受众的需要及受众所能接受的能力，从而使受众无法高效选择或有效利用信息。

当前，随着媒介技术的进步，高校思想政治教育信息传播的载体实现了由传统的书籍、报刊、广播、电视向博客、微博、微信等新媒体的发展，传播的形式也实现了对文字、图像、音频、视频的综合运用。受众"一方面为新鲜出炉、斑驳陆离的知识和信息欢呼雀跃，另一方面也逐渐在海量信息的狂轰滥炸中走向麻木，无所适从。在新旧媒体合力营造的媒介化社会中，媒介竞争与信息更替的洪流不断冲击并刷新人们的大脑。越来越多的人开始感觉到，虽然每天都能接触到大量的信息，但似乎无法快速准确地找到自己所需的信息，也难以对过多的信息进行深入的解读，更难以辨识并整合有用的信息为己所用。久而久之，信息似乎成为一种负担"。① 因此，思想政治教育信息的泛滥问题不容忽视。

我们可以从信息的生产、传播、消费等各个环节上考察高校思想政治教育信息泛滥的原因。首先，从高校思想政治教育信息的生产上看，如今高校内信息的生产主体不再局限于党政领导、思想政治理论课教师、辅导员等少数专业人士，一大批媒体从业人员以及广大师生都加入到信息生产的队伍中去，充当"意见领袖"，成为思想政治教育信息再生产的主力军，带来思想政治教育信息源的激增和信息量的猛涨，但是"意见领袖"媒介素养参差不齐，有些信息的质量不高。其次，从高校思想政治教育信息的传播环节上看，微博、微信等新媒体的普及打破了传统媒体信息传播受到限制的状态，使信息传播更具有即时性、便捷性和交互性，促进了思想政治教育信息的加速传播和重复传播，也容易使原本信息完整、意义深刻的

---

① 蔡骐、李玲：《信息过载时代的新媒介素养》，《现代传播》2013 年第 9 期。

思想政治教育信息变得支离破碎、凌乱无章。最后，在信息消费的环节上，思想政治教育信息的消费者正逐渐由被动接受者成长为主动参与者，表现出极大的能动性和积极性。他们可以利用互联网轻易地对思想政治教育信息进行下载、转发，或者任性地评论、加工，从而制造出数以万计的信息，加剧了信息的泛化。

随着高校思想政治教育信息泛滥的加剧，丰富多元但又逻辑混乱、主旨各异、支离破碎、互相抵触的各种信息纷至沓来，这就有可能产生"不是接受主体占有信息，而是信息占有接受主体"的异化现象。对此，戴维·申克指出："说到信息，人们会发现，好东西带来的后果往往无法预料。当输入达到某个程度，收益递减法则就开始起作用了；信息过剩一旦发生，信息就不再对生活质量有所帮助，反而开始制造生活压力和混乱，甚至无知。如果信息超出人类的承受能力，它就会破坏我们自我学习的能力，使作为消费者的我们更容易受到侵害，使作为共同体的我们更缺乏凝聚力。"①

二　信息匮乏

如果说信息泛化是在从量的方面对高校思想政治教育信息问题进行审视，那么，信息匮乏则是对高校思想政治教育信息问题在质上进行总结。也就是说，当前高校思想政治教育信息的膨胀并没有带来质上的提高，反而带来了"信息匮乏"问题，即传播者"提供的巨量信息中严重缺乏受众所需要的'有价值的''能了解事情真相的''对自己有用'的信息"②。因此，在高校思想政治教育传播中，信息匮乏既是信息泛化的伴生现象，又是其负面效果，主要表现在创新信息匮乏、真实信息匮乏以及价值信息匮乏等方面。究其原因，主要是思想政治教育信息同质化严重、从数据中提取信息困难、事实信息与价值信息相分离等因素造成的。

---

① 〔美〕戴维·申克：《信息烟尘：在信息爆炸中求生存》，黄锴坚等译，江西教育出版社，2000，第9页。
② 邵培仁：《传播学》（第三版），高等教育出版社，2015，第169页。

（一）信息的同质化严重

在传统媒体时代，高校思想政治教育传播者在思想政治教育信息的加工制作上往往投入巨大的精力和高额的成本，专业的人才队伍对思想政治教育信息进行精雕细琢、深入持续报道，创新度高；但在新时代，思想政治教育信息可以在多种媒介中实现互通、互换和互联，人们只需要在键盘上点击"Ctrl +C"和"Ctrl +V"，就会顺利完成复制传播。复制的成本如此之低，容易导致思想政治教育信息模仿、抄袭、克隆之风盛行，新思想、新观点、新创意却寥寥无几。再加上，传统媒体发布的思想政治教育信息经常被新媒体无偿使用；而新媒体上诸多的原创内容也容易被传统媒体无偿转载。在传统媒体纷纷向新兴媒体转型的时候，电子报纸期刊、网络广播电视也只是对原本传统媒体内容进行径直照搬与简单移植，缺少新意，更加剧了思想政治教育信息的同质化现象。有学者曾经指出："如此大规模的知识生产也伴随着大量的盲目生产和无效生产。而盲目生产和无效生产只会增加学科知识创新的障碍。"[1]

因此，思想政治教育信息的高重复率、同质化现象，不仅造成了信息的泛滥，而且使思想政治教育信息缺乏新意。受众随着从思想政治教育传播者手中获得的有用信息越来越少，对其信任度也必然降低，这大大影响了传播者的引导力和权威性。"就思想政治教育学科而言，每年出版的学科著作和发表的学术论文不可谓不多，新加入的学科从业人员不可谓不多，但这种学术数量上的增加似乎并未能够同比例地拓展学科知识增量。而与之相反的情况却令人忧虑，即思想政治教育从业人员和学术成果数量的增长却带来了低质量重复研究的情况。"[2]

那么，在知识骤增、信息爆炸的新时代，高校思想政治教育信息为什么会出现同质化和匮乏的现象呢？一方面是由于人的惰性。也就是说，要生产差异化信息、原创性信息以及有价值信息，就需要思想政治教育传播

---

[1]　金林南：《思想政治教育学科范式的哲学沉思》，江苏人民出版社，2013，第46页。
[2]　金林南：《思想政治教育学科范式的哲学沉思》，江苏人民出版社，2013，第46页。

者花费更多的时间，付出较多的代价和成本，而进行随意转载或掐头去尾的嫁接，则较为轻松容易、时效性高。另一方面，则是由于高校在进行思想政治教育传播时习惯追踪时政热点，存在跟风心理，具有盲目性。跟风是一种拙劣的模仿，其结果必然是平庸的跟随、盲目的复制与可怕的同化，往往使思想政治教育信息缺乏理性、丧失个性、消弭创造性。解决之道如下：一是要推进媒介融合，对现有的信息资源进行科学合理的整合，让以前各自为战的传播媒介形成一个整体，从全局对信息资源进行合理的分配，避免出现各种媒介所传播的思想政治教育信息雷同化的现象；二是要构建起对思想政治教育信息进行反思性审查的机制，以多层次的深度反思批判、修正思想政治教育信息生产传播中的偏颇。

（二）从数据中提炼信息困难

数据是组成信息的素材，大数据中更是蕴含着"大知识"和"大价值"。大数据技术能够帮助传播者实现对高校思想政治教育数据的智能分析和深度整合，能够帮助提炼出正确、有用的思想政治教育信息。当前，高校无缝网络的建设和物联网技术的应用，实现了数据收集与分析的自动化，为传播者快捷地获取大学生学习生活的海量数据并展开信息提炼提供了保障。但是，高校思想政治教育信息依旧十分匮乏，主要是因为"数据成为信息的量是很小的，有严格的控制，而且要进行科学的验证、处理和提炼，才能成为信息进入传播媒介"。① 因此，高校思想政治教育传播者从数据中提炼信息困难的现状导致了思想政治教育重要信息的短缺。

数据异构多源，数据融合难。高校思想政治教育数据规模巨大、纷繁复杂。一方面，数据的模态千差万别。既有用二维表结构来逻辑表达的结构化数据，又有文档、文本、图片、音频、视频等半结构化和非结构化的数据，其中超高维的非结构化数据占了绝大多数，不是传统的计量分析技术所能够轻易处理的。另一方面，数据的来源多种多样。不仅有高校 SPOC

---

① 邵培仁：《传播学》（第三版），高等教育出版社，2015，第 158 页。

平台跟踪记录的关于学生学习状态、教师教学管理的各类即时数据，还涵盖其他散落在政府部门、电商企业以及网络公司的部分数据。这些数据以各自不同的方式存储在不同的服务器上，导致数据标准不统一、功能互不关联，各个系统间的数据难以整合和衔接。因此，高校思想政治教育传播者亟须掌握有效的数据融合技术使大规模的结构化、非结构化数据集中，口径不一致的数据兼容，最终实现一体化的分析处理要求，为数据的提炼和整合、个体行为规律的探索提供便捷的解决方案和技术工具。

数据参差不齐，数据挖掘难。如烟浩海的数据总是真伪难辨、参差不齐，这对传播者挖掘数据的能力提出了挑战。一方面，数据真伪难辨，虚假信息泛滥。这些虚假数据或来源于采集与分析的过程中数据输入的差错，或源于一些部门、企业、个人为了谋取私利而故意对数据弄虚作假。例如微信中的"刷阅族"就常常通过虚假点赞等带来大量失真的数据信息，其结果就是严重影响大数据决策的科学性和公信力。另一方面，数据参差不齐，噪声巨大。教育者在挖掘数据的过程中往往遇到各种干扰数据、无效数据，这严重影响数据分析的精度。统计学家纳特·西尔弗指出："大量的信息成倍增加，但有用的信息却非常有限，信号的比例正在缩小，我们需要找到更好的方法对信号和噪声进行区分。"[①] 也就是说，过滤掉无效的数据、保留有价值的部分才是数据挖掘中真正重要的内容。因此，要在大数据的"稻草堆"里找寻那根"针"，高校思想政治教育传播者需要努力提升自己识别虚假数据、剔除噪声数据的能力，才能从海量数据中提取真正有用信息。

（三）事实信息与价值信息相分离

高校思想政治教育信息不仅要体现科学性，确保真实反映客观事物本质和规律，更应该蕴含价值性，具有鲜明的政治方向和价值取向，是科学性和价值性的统一体，若二者相分离，思想政治教育信息只会昙花一现，

---

① 〔美〕纳特·西尔弗：《信号与噪声》，胡晓姣、张新、朱辰辰译，中信出版社，2013，第391页。

成为过眼云烟。习近平总书记曾强调，思政课教学"坚持价值性和知识性相统一。思政课重在塑造学生的价值观，这一点必须牢牢抓住。强调思政课的价值性，不是要忽视知识性，而是要通过满足学生对知识的渴求加强价值观教育。只有空洞的价值观说教，没有科学的知识作支撑，价值观教育的效果也会大打折扣。当然，在思政课教学中也不能只强调知识性，不能为了应付考试让学生死记硬背知识点，而不注重对学生价值观的引导。学生有兴趣才会记忆，这种记忆是牢靠的，没有兴趣死记硬背就是死知识。知识是载体，价值是目的，要寓价值观引导于知识传授之中"。① 德国学者赫尔巴特也认为"教学如果没有进行道德教育，只是一种没有目的的手段，道德教育如果没有教学，就是一种失去了手段的目的"。② 因此，知识传授与价值引导、知识教育与价值教育之间存在重要的辩证关系。

在传统媒体时代，高校思想政治教育传播中事实信息与价值信息的相对分离还难以显现。随着新媒体的普及和传播体系独立性的增强，事实信息传播和价值信息传播的相对分离才逐渐显现出来。例如，高校媒体在报道某一重要事件时，通常首先传播的是这一事件的事实信息，开始时并没有太明显的价值性评价，受众也只是对此做事实认定，而没有立即形成明确的价值性认知，在经过了一段时间的"消化"后，媒体与受众才对此表露出或同或悖的价值性认知。从这里可以看出，事实信息的表达与相关价值信息的表达在时态上往往不同步，处于相对分离状态。当代大学生所面对的信息，往往更多是传播媒介所传递的关于社会事件的事实报道，而不是经过传播者系统加工过的具有倾向性、评价性、引导性的信息，难以产生良好的传播效果。

三 信息噪声

高校思想政治教育传播总是受到信息噪声的干扰。特别是以垃圾信息、

① 《论党的青年工作》，中央文献出版社，2022，第191—192页。
② 〔德〕赫尔巴特：《普通教育学·教育学讲授纲要》，李其龙译，人民教育出版社，1989，第221页。

虚假信息、不良信息为代表的负面信息总是给高校思想政治教育传播带来消极影响。

（一）垃圾信息

尼尔·波兹曼（Neil Postman）曾指出，我们已经把信息变成了某种形式的垃圾。因为互联网的门槛低，能够识文断字、具有基本文字阅读和表达能力的人，就可以浏览网页、收发信息、发表意见，这使得网络信息具有大众性、草根性和自由性，但网络信息质量参差不齐。在信息海洋中充斥着很多毫无意义的垃圾信息，这些信息经常并不是我们主动去获得的，而是被毫无节制地强塞给我们的。垃圾信息不但阻碍我们寻找有用的思想政治教育信息，而且浪费着我们的时间和精力，更干扰我们的思维，使我们患上"信息疾病"。例如"筑波病"，又称"信息综合征"，是一种当今社会信息爆炸与人的心理不相适应的病症，使人压抑、烦躁不安、恍惚、忧虑、性格孤僻、喜怒无常。人们应该开始审视自己的不知情权。有学者曾指出，"除了知情权以外，人也应该拥有不知情权，后者的价值要大得多。它意味着高尚的灵魂不必被那些废话和空谈充斥。过度的信息对一个过着充实生活的人来说，是一种不必要的负担"。[①]

（二）虚假信息

在高校思想政治教育传播中，还存在虚假信息方面的噪声。这些虚假信息事实上背离了思想政治教育信息对真实性的基本要求，却常常披着科学的外衣，迷惑性强，容易使经验尚浅、缺乏判断的大学生信以为真。特别是由于网络的低门槛进入和自主、开放、匿名等特性，传言、谣言等不实信息，网络诈骗、网络推手等违法行为充斥网络，这给高校思想政治教育传播环境造成极大污染。

当前，虚假信息的传播主要具有以下四个方面的特点。第一，虚假信

---

① 郭子辉、张岚：《新媒体时代：谁动了你的不知情权?》，《军事记者》2010 年第 2 期。

息借网络传播速度更快、范围更广，影响人数众多。在任何媒体上刊播的虚假信息，都容易借助网络迅速传播；但在传统媒体上，虚假信息的传播范围相对有限，尤其是那些地方性报刊、电台和电视台即便刊播了虚假信息，其传播范围往往只在一定区域和一定人群内。第二，虚假信息发布成本低、传播主体身份模糊。在网络上，虚假信息的发布者只需要在平台上简单注册，就可以在各类平台上发布信息。因此，信息传播者身份的模糊性和隐匿性有利于信息发布者逃脱道德约束和法律制裁。第三，虚假信息传播呈散布状网状传播结构，任何一个传播者生产、发布的虚假信息，都能够以非线性方式流入网络之中，在网络中迅速蔓延、传播。第四，部分虚假信息是脱离了客观事实的虚构，表现得更稀奇和怪异，能在一定程度上满足人们的猎奇心理，因而更能得到媒体和受众关注，引发传播热潮。

与垃圾信息相比，虚假信息的网络传播对受众造成的负面影响更大，国家迫切需要加强对虚假信息的及时监控，并通过立法织牢网络安全网。习近平总书记曾多次强调，"没有网络安全就没有国家安全，没有信息化就没有现代化"，"网络空间是亿万民众共同的精神家园。网络空间天朗气清、生态良好，符合人民利益。网络空间乌烟瘴气、生态恶化，不符合人民利益"，"网络安全和信息化是一体之两翼、驱动之双轮，必须统一谋划、统一部署、统一推进、统一实施。做好网络安全和信息化工作，要处理好安全和发展的关系，做到协调一致、齐头并进，以安全保发展、以发展促安全，努力建久安之势、成长治之业"①。在这些话语中，习近平总书记把网络安全上升到了国家安全的层面，这为推动我国网络安全体系的建立、帮助人们树立正确的网络安全观指明了方向。2016 年 11 月，国家颁布了网络安全领域的首部专门法律《中华人民共和国网络安全法》，使之成为我国依法治网、化解网络风险的法律重器。截至 2024 年 6 月，我国制定出台了网络领域立法 150 多部，形成了以宪法为根本、以法律法规为依托、以传统立法为基础、以网络专门立法为主干的网络法律体系，搭建了我国网络法治

---

① 《迈出建设网络强国的坚实步伐——习近平总书记关于网络安全和信息化工作重要论述综述》，《人民日报》2019 年 10 月 19 日，第 1 版。

的"四梁八柱",为网络强国建设提供了坚实的制度保障。①

(三) 不良信息

在高校思想政治教育传播环境中,还有一些带有反动、色情、暴力等倾向的不良信息。特别是错误思潮的传播、有害信息的泛滥、网络戾气的蔓延,严重影响高校青年大学生的健康成长。

其一,错误思潮。高校作为社会主义意识形态传播重镇和知识分子云集之地,是西方国家进行意识形态渗透的场所。它们运用各种手段对高校师生大肆宣扬"普世价值""意识形态终结论""中国威胁论""马克思主义过时论"等错误思潮,推行文化殖民政策,强化意识形态渗透。这使我国高校在意识形态领域面临严峻挑战,尤其是对世界观、人生观、价值观正在形成过程中的大学生形成不可小觑的影响。

其二,负面信息。一些居心叵测的人经常利用开放自由的网络空间,大肆抹黑、攻击党和政府。还有一些人将网络作为其对现实不满进行宣泄的渠道,针对一些个休事件进行借网传播、借题发挥、借机炒作,放大社会矛盾、聚焦社会问题,不断将简单问题复杂化、局部问题全局化、一般问题政治化,从而导致一些个体问题演变成群体性事件,人民内部矛盾演变成对抗矛盾。

其三,黄色、暴力信息也一直是危害青少年成长的重要"祸源"。当前,青年大学生正处于世界观、人生观、价值观形成的特殊时期,一些青年出于好奇主动接触不良的视频,最终沉迷其中而无法自拔,给身心造成了极大的伤害。

因此,信息噪声的存在,既威胁到我国意识形态安全,又影响到高校校园稳定,给高校思想政治教育传播带来巨大的冲击,高校思想政治教育传播者迫切需要在校园不断巩固壮大主流思想舆论,弘扬主旋律、传播正

---

① 《我国制定出台网络领域立法 150 余部》,中国政府网,https://www.gov.cn/lianbo/bumen/202406/content_6957965.htm,最后访问日期:2025 年 5 月 9 日。

能量，同时贬斥假恶丑、抑制负能量，积极引导学生明辨是非，激发团结奋进的共同力量。

综上所述，信息量质失衡是当前高校思想政治教育传播中面临的重要难题，我们对之要有正确的认识。只有以积极的态度处理海量信息，以质疑的态度接触繁杂信息，以敏锐的眼光筛选有用信息，以良好的素养应对不良信息，才能营造高校思想政治教育传播的良好信息生态，保持信息结构平衡发展。

第三节　媒体融合不足

在新时代，推动传统媒体和新兴媒体融合发展，既是传统媒体转型的方向，又是新兴媒体发展的机遇，更是提升高校思想政治教育传播力、影响力的重要举措。但是，当前高校思想政治教育传播的各大媒体在融合上面临重重困难，发展缓慢。

一　融合理念模糊

尽管当前传统媒体与新兴媒体的融合已是大势所趋，媒体融合也已成为高校宣传部门及教育传播者的常用语，但在媒体融合实际工作中仍存在一些模糊的认识和观念的偏差。例如，有人满足于现状，认为融合发展多此一举；有人怀有惰性心理，不愿试不愿闯；还有人存在畏难情绪，对融合发展缺乏信心。归结起来，主要存在以下三个方面的问题。

首先，对媒体融合概念不明晰。部分人认为媒体融合只是进行传统媒体的改版扩版和栏目调整，是在原来的基础上进行技术上的修修补补，新媒体只是传统媒体延伸和"圈地"的平台。这种观念极易导致各个媒体仍旧自成体系、独立运行，缺乏协同统筹，十分封闭、分散、低效，从而制约传播整体效果的发挥。事实上，媒体融合不仅仅是传播手段、媒介形态上的融合，更是传统媒体和新媒体这两个媒介系统的要素、资源、产业链等的融合。因此，推动媒体融合发展，必须牢固树立一体化发展理念，实现信息内容、技术应用、平台终端、人才队伍的共享融通，形成一体化的组织结构、传播体系和管理体制，做到你中有我、我中有你。

其次，对媒体融合优势不明了。传统媒体普遍担心在融合中丧失原有的主动权，忧虑如果共享其所生产的内容，会丧失"内容为王"的核心竞争力，竞争力会下降。但事实上，媒体融合能够实现资源的优化配置，生产出更为优质的信息，发挥协同优势，实现共赢。有学者就指出："媒介融合不是单纯的形式上的融合，而是建立在各方较为长期稳固合作关系上的一种优势互补，是一种相互促进的协同关系。它不但可以使合作各方充分发挥各自的原有优势，而且可以让各方在当今媒体竞争激烈的市场中扬长避短，互相补益，相得益彰，从而降低传媒集团运营成本，避免信息资源的重复利用，防止传播形式的模板化，减少受众终端引起的视觉疲劳和审美疲劳，将稀缺资源最优化配置、最大化利用，实现规模效应。"[1]

最后，对媒体融合途径不明确。近年来，一些传统媒体积极拥抱互联网，加大了触网的力度，不断进行报网联动、台网联动，但如果只是把内容原样移植或嫁接到校园门户网站、官方微博和微信上，就只是进行了低层次的联动、互动，不能算是真正地实现了媒体融合。对此，有学者提出，媒介融合是资源融合，不要割裂；是平台融合，规避碎片化；是管理融合，不能各自为政。要网络技术先行，实现"弯道超车"；要坚持内容为王，传播校园声音；要健全工作机制，实现华丽转身。[2] 因此，媒体融合，融的是理念和思路，合的是内容和技术，做的是协调和互动，求的是再造和双赢。[3] 那种片面地以为只要打破媒体之间的技术壁垒，就可以自然而然地实现资源优化的看法，是对媒体融合的误读，难以保证传统媒体真正拥有影响力与话语权。

①　徐沁：《媒介融合论：信息化时代的存续之道》，中国传媒大学出版社，2009，第126—127页。
②　丁义浩、段亚巍：《创新媒体传播方式，增强信息传播时效性》，《中国高等教育》2015年第20期。
③　唐宁、刘荃、高宪春：《媒体融合概论》，武汉大学出版社，2021，第6页。

二 管理体制欠缺

当前，一些高校尚不能从体制机制上保障媒体融合，这严重束缚着思想政治教育信息的生产。一是缺乏顶层设计。一些高校尚未根据《关于推动传统媒体和新兴媒体融合发展的指导意见》《关于加快推进媒体深度融合发展的意见》作出校园内媒体融合的具体方案，没有设计出媒体融合的时间表和路线图；同时，对校内各大传播媒体的定位不精准，无法明确媒体融合的具体形式、形态和方法，从而使媒体融合存在很多问题，例如媒体融合应该以谁为主体；谁在融合中占主导地位；是传统媒体融入新兴媒体，还是新兴媒体融入传统媒体；该用什么形式融合等。比如说，"如果一个单位同时拥有传统媒体和新兴媒体，融合方式是传统媒体的人员和职能融合到新兴媒体部门，由他们来运营网站、微信、微博、客户端等新兴产品，还是新兴媒体部门员工进入传统媒体内部承担起发展新媒体产品的任务？或者传统媒体只是从新媒体中借鉴些技术和运作方法，自己内部再设机构，把网站、微博、微信、客户端都重新搞一遍？"① 这些问题如果没有解决，就无法为高校内媒体融合提供基本遵循和制度保障。因此，高校要首先加强统筹和规划，通过顶层设计对媒体融合发展做出制度性安排，绘出梯次合当、规模适度、结构合理、立体多样的融合发展蓝图。二是管理体制不完善，存在多头管理、职能交叉、权责不一等问题，容易使媒体融合效率不高。例如，在组织架构上，管理层级多，部门内存在"大而全、小而全"等痼疾；在运行机制上，传统媒体和新兴媒体仍旧处于分头单干的工作状态，容易带来媒体功能重复、内容同质、力量分散等问题。

因此，实现媒体融合发展，除了需要进行技术升级、平台拓展、内容创新外，更需要突破管理制度上的局限。坚持一手抓发展、一手抓管理，破除制约媒体融合发展的体制机制壁垒，实现对网上网下、不同业态媒体的科学化管理，促使媒体发展格局更加科学合理。

---

① 高亢：《传统媒体与新兴媒体融合发展的难点与对策》，《新闻爱好者》2014 年第 12 期。

三　人才资源不足

人才缺乏是当前推进传统媒体与新兴媒体融合发展中面临的又一难题，推动媒体融合发展需要教育传播者具备较高的素质。一是要具备超越传播的研究力。新的传播形式要想融入受众生活，就必须具备便利性、兼容性、复杂性、可靠性和可感知性。这就要求教育传播者有超越现有传播形态、传播模式，把握传播技术发展趋势的能力，进而理解媒介技术发展带来的媒介格局、社会生活形态的变化。二是要具备整合传播的策划力。媒体融合对传媒人更高层面的要求是思维层面的，尤其是对传播者的多媒体思维能力要求更高，要求传播人员不仅懂得不同媒体传播的效果，将信息资源包装成不同媒体的产品，而且能站在媒体品牌打造的高度，对受众价值进行全方位挖掘，最终通过组合产品、整合媒体，聚合已经分散的受众。三是要有复合纵深的知识结构。传播者既要能够从浩如烟海的信息中筛选、探寻、鉴别真正有价值的重要信息，将这些杂乱无章的信息深刻地、立体地、逻辑地呈现，并使其转化为知识；又要能够用专业的眼光整合信息，提供有价值的解释和观点。总之，媒体融合需要的是集采、写、摄、录、编及网络等多技能于一身的全能型人才。如果人才缺乏，自然而然会影响媒体融合的进度。因此，必须建立适应融媒要求的思想政治教育传播队伍，加强对传播人员的技能培训，不断提升思想政治教育传播人员适应融媒体时代要求的素质和能力。

第四节　模式转型较难

传播模式是以直观简洁的形式对传播过程各个环节和要素进行高度抽象和概括。只有具备良好的模式，才能全面、系统地认识和了解复杂的思想政治教育传播现象。尽管当前一些高校思政课对翻转课堂这一新的教学传播模式进行了一定探索，但转型之路较为艰难。

一 单向传播模式仍在延续

单向传播模式是中国早期思想政治教育传播的主要模式，用来表示思想政治教育传播者单方向传递思想政治教育信息给受众的直线过程。因此，也有学者称之为单向灌输型传播模式。其中包含思想政治教育传播者、教育信息、传播媒介、受众四个基本要素，回答了传播过程中谁、通过什么渠道、传递什么信息、对谁进行传播等重要问题（见图4-1）。

图4-1 单向传播模式

资料来源：作者自制。

单向传播模式在过去革命战争年代发挥出强大的宣传舆论作用，不仅巩固了马克思主义理论在高校中的指导地位，而且最大限度地动员和组织青年学生投入社会主义革命，但也存在明显的弊端。首先，传播具有单向性，即传播者作为教育信息的唯一源头，在整个传播过程中居于主导地位，具有绝对的支配力和权威性，严格把控着信息传递的途径和方法。例如，在课堂上，任课教师一般把课前准备好的内容在课堂上传授给大学生，然后给他们布置课后作业，并将期末考试成绩作为其学习效果的评判依据。也就是说，教师教什么、怎么教，学生学什么、怎么学以及学得好坏都有统一标准，按统一程序进行，这严重弱化了受众的积极性，使受众始终处于消极被动的地位。其次，方法的单一性。在传播过程中，传播者主张自上而下的宣传教育，经常进行"一元独白"。特别是在课堂教学中，教师习惯于照本宣科，不能根据受众的真正需要进行媒介的正确选择和信息的适时调节，从而忽视了受众的差异性及创造性，使师生话语交流陷于一种"单向度"的困境，容易带来矛盾与隔阂。最后，传播者没有把传播过程放在复杂多变的环境中进行考察，没有明确认识到外在噪声会对教育信息的传播产生巨大的影响，从而使信息传播缺乏针对性和实效性。因此，在这种教育传播模式下，"大学生收获更多的是知识记忆和思想服从，科学精神、人文精神、实践精神、理性批判精神未获重视"[1]，大学生容易丧失批判反思的能力，在不同程度上患上"失语症"，成为既定真理的被动接受者。

但是该模式在高校思想政治教育传播中依旧占据一席之地。究其原因，一方面是由于我国高校的一些思想政治教育传播者对思想政治教育的本质，即"主流意识形态的主导和灌输"产生了误读、进行了误用。他们简单地将"灌输"等同于"硬灌输""泛灌输"，在知识传递时，只是把受众当成一个"容器"，一个可任由教师进行"灌输"的"容器"，从而使传播行为变成了存储行为、交互活动变得机械生硬。另一方面，一些教师连续多年一直讲授同一门课中的同样或类似的内容，已经习惯于"以教师为中心"，习惯将讲授法作为教学的主要方法。他们认为这样更便于组织课堂教学和帮助学生掌握间接知识。此外，我国部分高校对校园传播媒体的建设不重视，规模化的、常态化的、原生态的意见表达渠道难以形成，从而延续了这种只能"听"不能"说"的"高势位"的传播模式。

二　翻转课堂建设面临挑战

尽管一些思政课教师适应新时代高校思想政治教育发展的需要，开始了对基于 SPOC 的翻转课堂的探索，建立起"线上+线下"优势互补的双教学场域，但也面临重重挑战。

第一，优质 SPOC 课程亟待开发。翻转课堂的良好实施需要以优质的在线课程作为基础。这就需要一线思政课教师具备较强的教学设计能力、较高的教学改革热情以及充足的时间，能够根据教材的重难点和学生的兴趣点对课程内容进行碎片化和结构化处理，并精心录制教学视频，建设案例、作业、测验、讨论题等丰富多样的学习资源库以供使用。但就现实情况来看，目前教学视频质量参差不齐，存在时长不合理、设计偏简单、资源不

---

[1]　元林：《思想政治教育体系中的网络传播研究》，光明日报出版社，2011，第 203 页。

充足等问题，甚至有的视频是对原教材结构的照搬、对传统班级授课的简单复制，难以为学生所喜闻乐见。

第二，学生在线学习质量难以保证。翻转课堂的良好实施需要学生花大量的时间进行课前自主学习，以扎实掌握教学知识点。但是，当没有教师外在的监管、督促的时候，学生容易产生消极应付的学习心态，经常为了拿"分"而被迫学习，为了达到时长而"刷"视频，注意力难以集中，往往一掠而过、一心多用。很明显，这种学习态度是被动的、学习结果是浮于表面的，学生容易缺乏对问题的深入理解和深度思考，也必然造成翻转课堂的低效和失效。因此，要想使翻转课堂达到良好效果，就需要学生端正在线学习的态度，不断增强学习的内生动力，形成良好的在线学习习惯，从而提升在线学习的效率。

第三，教师组织好课堂讨论的挑战较大。在翻转课堂中，课堂是问题探究、思想碰撞、互动交流、知识内化的重要场所，因此，教师需要根据学生学习情况精心组织生动高效的课堂活动，其方式可以是"以问题研讨为主体的讨论式课堂"，也可以是"以活动任务为主线的探究式课堂"，其过程既需要学生提前准备、积极参与，又需要教师良好引导、收放自如。这其实给学生和教师都带来了较大压力和挑战。就学生方面而言，有的学生对思政课有着浓厚的兴趣，具备良好的理论基础，能够做到课前准备充分、课上讨论积极；但有的学生对课堂活动敷衍了事，缺乏探索精神，小组研讨汇报中不乏"蹚水摸鱼"者、"搭乘便车"者。就教师方面而言，有的教师能够灵活掌控课堂讨论节奏，营造出畅所欲言的良好课堂氛围，使学生有满满的参与感和获得感；但有的教师组织课堂讨论只是流于形式，缺乏精心的准备和真正的引导，难以使学生兴趣盎然、有感而发、有论可议，从而使得课堂讨论的价值大打折扣，甚至意义不大。

第四，对 SPOC 平台数据的使用和处理面临难题。学生在使用 SPOC 过程中产生了大量的学习过程数据。例如，学生在课程平台上的访问次数、访问时段、访问时长，学生的作业提交数、任务点完成数以及讨论区的发帖数、回复数等。通过这些数据，教师可以了解学生的领悟能力、学习程度以及与他人合作的表现，并据此优化教学策略。但是，一些教师在面对海量数据时经常感到无所适从，缺乏敏感的数据意识和较好的数据应用能力，往往忽视了对各种教学数据的收集，更无法应用现代技术对大数据进行处理和呈现。

总之，当前高校教学传播模式的转型仍较为艰难，面临多重挑战，迫切需要思想政治教育传播者以积极的态度面对各种新问题，知难而进、迎难而上，不断开创高校思想政治教育传播的新局面。

第五章　新时代高校思想政治教育
传播效果的提升

传播力决定影响力，话语权决定主动权。随着新时代国际格局深度调整、国内形势深刻变化、新兴媒体迅猛发展，高校思想政治教育必须不断提升传播力，奏响"主旋律"、守好"主阵地"、筑牢"防火墙"、拧紧意识形态"总开关"，不断为培养担当民族复兴大任的时代新人贡献智慧和力量。

第一节　科学把握高校思想政治教育
传播力的三重维度

传播力，即实现有效传播的能力。既包括资金技术、媒介规模等硬条件，又涵盖人员素养、思想内容等软实力；既表现为传播的广度和深度，又表现为传播的强度和精度。因此，高校思想政治教育传播力不是衡量传播效果的单项指标而是衡量传播过程的坐标系，也是一种综合实力。只有拥有良好的公信力、引导力和渗透力，才能真正实现有效传播。

一　公信力

公信力是实现高校思想政治教育有效传播的首要条件。所谓公信力，从语词学上看，是指一种使人信任的力量。目前学界主要存在"信用"观、

"资源"观、"能力"观以及"信任"观四种代表观点。① 在思想政治教育领域，公信力主要是指"思想政治教育活动可以获得社会成员信任的能力，它代表着公众对思想政治教育的价值认同，在一定程度上可以反映思想政治教育在社会生活中的权威性、信誉度与影响力"②；在传播学领域，"媒介的公信力就是媒介通过长期地向受众提供真实、可信、权威、高尚的传播产品，在受众心目中建立起来的诚实守信、公正、正派的信任度和影响力"。③ 因此，笔者认为，高校思想政治教育传播的公信力主要是指思想政治教育传播活动获得高校受众认同和信任的能力，在一定程度上可以反映思想政治教育传播在高校中的权威性和信誉度，是传播者和媒介的品质、形象在受众心目中的正面体现。只有不断提高公信力，增强受众对思想政治教育信息的自觉认同和对传播活动的广泛支持，才能逐步提升思想政治教育的传播力。从总体上看，公信力需要具备以下三个方面的要件。

（一）信息的科学真实性

思想政治教育传播公信力的根本基础是思想政治教育信息的科学与真实。只有坚持内容信息的科学真实性，思想政治教育传播才能获得受众最起码的信任和尊重。马克思曾指出："理论只要说服人，就能掌握群众；而理论只要彻底，就能说服人。所谓彻底，就是抓住事物的根本。"④ 这就要求思想政治教育信息是对社会存在的客观反映，不是精神的幻化或者主观的再造，不掺有虚假、猜测和虚构的成分；同时，要确保信息客观、全面、准确，使信息能够呈现事物或事件原貌，避免个人认识上的偏差、思想上的偏见以及感情上的偏袒，避免片面化带来的断章取义。

因此，务必要在保证信息真实性的基础上提升思想政治教育传播的公信力，使信息和理论体现出彻底的科学性和真理性，才能使更多人信服和

---

① 周治伟：《公信力的概念辨析》，《攀登》2007 年第 1 期。
② 向征：《论思想政治教育的公信力》，《马克思主义与现实》2013 年第 1 期。
③ 李忠昌：《试论大众传媒的公信力》，《西安建筑科技大学学报》（社会科学版）2003 年第 1 期。
④ 《马克思恩格斯选集》第 1 卷，人民出版社，1995，第 9 页。

接受。从根本上讲，就要坚持马克思主义科学真理的指导。因为马克思主义是颠扑不破的真理，它既正确反映了自然界、人类社会和人的思维发展的普遍规律，又集中体现着无产阶级的根本利益，既是真理体系也是价值体系，是科学理性与价值理性、科学性与革命性相统一的无产阶级的思想体系，是科学理论、科学方法和科学信仰的内在统一，是认识世界的科学理论、探索新知的科学方法、把握未来的科学信仰。[①]这一理论犹如壮丽的日出，照亮了人类探索历史规律和寻求自身解放的道路，特别是为中国革命、建设、改革提供了强大思想武器，使中国这个古老的东方大国创造了人类历史上前所未有的发展奇迹。习近平同志强调："中国共产党为什么能，中国特色社会主义为什么好，归根到底是马克思主义行，是中国化时代化的马克思主义行。"[②]

那么，如何在高校坚持传播马克思主义科学真理、提升公信力呢？一方面要始终高举马克思主义大旗，坚持不懈用习近平新时代中国特色社会主义思想武装学生头脑，帮助大学生筑牢信仰之基、补足精神之钙、把稳思想之舵；同时，对于那些将马克思主义理论进行歪曲理解，或为马克思主义理论贴上"过时"标签、企图撇开马克思主义理论"另起炉灶"的现象，要给予有力回击，要还原真实的马克思主义。另一方面，要坚持把马克思主义基本原理同中国具体实际相结合、同中华优秀传统文化相结合，不断用鲜活丰富的当代中国实践来推动马克思主义发展，不断赋予马克思主义鲜明的中国特色、时代特色，让马克思主义在中国牢牢扎根。邓小平曾说："我坚信，世界上赞成马克思主义的人会多起来的，因为马克思主义是科学。它运用历史唯物主义揭示了人类社会发展的规律。"[③]习近平总书记也多次强调："马克思主义的命运早已同中国共产党的命运、中国人民的命运、中华民族的命运紧紧连在一起，它的科学性和真理性在中国得到了

---

① 熊建生：《思想政治教育内容结构论》，中国社会科学出版社，2012，第109—110页。
② 习近平：《高举中国特色社会主义伟大旗帜　为全面建设社会主义现代化国家而团结奋斗——在中国共产党第二十次全国代表大会上的报告》，人民出版社，2022，第16页。
③ 《邓小平文选》第3卷，人民出版社，1993，第382页。

充分检验，它的人民性和实践性在中国得到了充分贯彻，它的开放性和时代性在中国得到了充分彰显！"① 因此，我们要始终坚持马克思主义理论指导，使其为提升高校思想政治教育传播的公信力提供坚实的理论支撑。

（二）传播者的权威性

权威具有一种使人信服的力量，能够让人坚信不疑。因此，思想政治教育传播者的权威性也是体现思想政治教育传播公信力的重要维度。

美国学者津多巴和利佩曾指出："服从权威是一种根深蒂固的习惯。"② 主要原因如下：一是从"权"的角度来看，权威主体拥有对权威客体的支配制约能力；二是从"威"的角度来讲，权威主体的权力得到权威客体的认可和信从。"权"是"威"的基础，"威"是"权"的保障，二者相辅相成。但是，如果滥用权力，则只会导致威信的削弱，甚至带来权"危"。

在传统媒体环境下，高校思想政治教育传播信息的渠道比较单一，思想政治教育传播者掌握着信息的主动权，是受众获取信息的重要来源，具有绝对的权威性。这时，受众对传播者传递的信息信赖度高，传播者具有引导舆论的天然优势。但是，随着信息技术的飞速发展，网络、微博、微信以及各类应用程序成为受众第一时间获取信息的渠道，高校思想政治教育者的权威性就容易因为信息滞后而受损，再加之网络的开放性，高校内信息参差不齐、真假难辨，如果思想政治教育传播者缺乏权威性，就会给高校受众带来信息选择上的困难和价值观上的困惑，直接影响思想政治教育传播力。因此，权威性是高校思想政治教育传播公信力的应有之义。

要树立思想政治教育传播者的权威性，就要不断提升其专业性。因为思想政治教育传播者的权威性来自其对专业领域超越受众的深刻理解和对

---

① 《习近平在纪念马克思诞辰 200 周年大会上的讲话（2018 年 5 月 4 日）》，《人民日报》2018 年 5 月 5 日，第 2 版。

② 〔美〕菲利普·津多巴、迈克尔·利佩：《态度改变与社会影响》，邓羽等译，人民邮电出版社，2007，第 64 页。

问题本质的深刻把握。近年来，媒体中有用"砖家""叫兽"等词语来调侃专家学者的声音，这表明部分专家教授的权威性已经受到怀疑。其原因如下。一方面，作为传播者的专家学者在专业水平上参差不齐。专家学者作为高校内思想政治教育传播的重要信息源，若对社会热点和重大事件没有敏锐的洞察力和深度的剖析力，就难以正确针砭时弊、评点世事，不能为受众提供真正有价值的、独到且深刻的参考信息，就难以取得受众的信任。另一方面，部分专家学者在进行传播时缺乏严谨的态度和敬业的精神。当面对重大政策和热点事件时，受众本来寄希望于专家教授从专业角度对此做出科学的解释和严谨的解答，而部分专家学者发言时竟口出"雷语"，完全不顾思想政治教育传播者的责任，使其专业权威的形象大打折扣，导致失信于民。因此，思想政治教育传播者必须同时具备专业的知识和严谨的态度，才能得到受众的认可和信赖，任何一个偏离都可能导致思想政治教育传播者的权威性受损。

（三）媒介的覆盖面

媒介的覆盖面主要是指媒介的覆盖范围和覆盖人数。报纸、杂志等印刷媒体的发行量、传阅率，广播电台的收听率，电视台的收视率以及网络媒体的点击率等都和媒介的覆盖面相关。一般来说，媒介覆盖范围越广、使用的人数越多，信息的知晓度和影响力就会越大，媒介的知名度和声誉度也会越高。提高媒介的覆盖面，对提升思想政治教育传播的公信力能起到积极的促进作用。此外，一些具有从众心理的受众，往往更青睐于使用用户多的传播媒介，认为用户多的媒介具有较高的信任度。因此，在高校思想政治教育传播中，要不断丰富传播形态，形成全方位多层次立体化的传播矩阵，做到学生受众在哪里，媒介就覆盖到哪里，公信力就到达哪里，以更广泛占领舆论阵地。

二 引导力

舆论的力量绝不能小觑。习近平总书记指出："好的舆论可以成为发展的'推进器'、民意的'晴雨表'、社会的'黏合剂'、道德的'风向标'，不好的舆论可以成为民众的'迷魂汤'、社会的'分离器'、杀人的'软刀子'、动乱的'催化剂'。"① 高校作为意识形态的前沿阵地和社会生活的参与者，是各种思想和思潮的策源地和汇聚地，多元思想在这里交流交融交锋。高校思想政治教育传播如果没有良好的舆论引导力，就难以完成把党和政府的声音传递好、把社会进步主流展示好的艰巨任务，那么思想政治教育的传播力也就无从谈起。因此，引导力是体现高校思想政治教育传播力的另一重要维度。高校思想政治教育传播只有具备了良好的引导力，才能巩固共同思想道德基础，有力回击西方发达国家对我国的意识形态渗透，更好地服务于党的建设，在壮大主流思想舆论、凝聚人心、达成社会共识等方面发挥积极作用。具体而言，高校思想政治教育传播要想形成良好的引导力，就需要准确把握舆情风向、引领正确舆论方向、引导错误舆论转向。

（一）准确把握舆情风向

了解社情民意、准确把握舆情风向是高校思想政治教育传播者展开舆论引导、形成引导力的首要前提。当前我国国内主要存在两个舆论场，即官方舆论场和民间舆论场。在传统媒体时代，形成了官方媒体主导的自上而下的"瀑布式"的舆论模式；而随着互联网的发展，大家可以在公共网络空间内自由表达意见，"民意"能够通过微博、微信等新媒体自下而上传递。这两个同时存在的舆论场就不可避免地产生博弈和互动，社会舆情变得愈加纷繁复杂，迫切需要高校思想政治教育传播者积极开展社会舆情收集、研判和预警工作，为建构舆论引导内容、设置引导议题提供现实依据。

然而，面对新时代信息的爆炸式增长，高校思想政治教育传播者应如何从参差不齐、真假难辨的信息中提取出真实有效的舆情信息呢？一方面，传播者要熟练掌握机器学习、人工智能、模式识别等高级数据分析技术；

---

① 《习近平关于社会主义文化建设论述摘编》，中央文献出版社，2017，第38页。

另一方面，要建立起高效灵敏的社会舆情软件系统，并将之实际应用于高校思想政治教育数据信息的过滤、提纯和分析过程，不断"实现媒体报道、论坛帖文、博客文章、微博文章和新媒体互动讨论的全面舆情抓取和数据实时更新"；"实现对文本数据、图片数据、音频数据和视频数据的综合处理"；"实现对舆情数据的可视化展示，用图表呈现舆情的时间走势、地域分布、主题分布、文章排行、热度聚集、热词发现等舆情分析结果，辅助决策"；"实现对相关热点话题的自动识别、智能聚类以及对传播路径的追溯、对议题漂移的捕捉和核心观点的摘要"；"实现对负面突发敏感舆情的及时预警，做到早发现、早预警、早引导"。[①]

（二）引领正确舆论方向

在新时代，高校是党和国家意识形态工作的前沿阵地，多元思想文化在这里频繁交流交融交锋；青年大学生是各种社会思潮的易感人群，思想活跃、思维敏捷、个性鲜明，对各种新的思想观念、社会思潮较为敏感。如果主流价值观念不去扎根生根，非主流价值观念就会肆意蔓延，后果将不堪设想。习近平总书记指出，要"牢牢坚持正确舆论导向。舆论导向正确，就能凝聚人心、汇聚力量，推动事业发展；舆论导向错误，就会动摇人心、瓦解斗志，危害党和人民事业"。[②]

因此，高校思想政治教育传播者要牢牢掌握舆论引导的主动权，始终坚持正确的政治方向和舆论导向，用社会主义核心价值观引领大学生思想行为，壮大主流思想舆论。一方面，高校思想政治教育传播者要从学理上厘清当前意识形态领域突出问题的理论根源、分析其思想本质，把社会主义核心价值观融入教育教学全过程，巩固马克思主义在高校意识形态领域的主导地位；另一方面，要牢固占据高校校报、高校广播等各类信息传播的主阵地，形成舆论强势，彰显主流性、权威性和公信力。同时，要敢于面对校内外各种热点、难点、疑点问题，不失明、不回避、不失语、不乱

---

① 李希光：《大数据时代的舆情研判和舆论引导》，《思想政治工作研究》2014年第1期。
② 《习近平著作选读》第1卷，人民出版社，2023，第455页。

语，切实做好解疑释惑、引导疏导工作，弘扬主流价值观，占据思想舆论的制高点。

值得注意的是，在高校中强化正面舆论导向，完全不同于西方资本主义国家的"舆论操纵"或"制造共识"。因为"任何一个社会的主流意识形态，都是统治阶级意志和思想体系的反映。这是一个普遍的社会规律"。① 资本主义国家进行舆论宣传是为了维护资产阶级自身的利益，培养忠于资产阶级统治地位的"合格公民"；而社会主义国家则代表着最广大人民的根本利益。

（三）引导错误舆论转向

在党的坚强领导下，我国高校意识形态发展总体上积极健康向上。但是，也不能忽视西方错误价值观念和不良思潮在高校学生中的隐蔽渗透，对于错误观点要勇于斗争、敢于交锋、善于引导，不断激浊扬清，褒正气之举，鞭丑恶之行，旗帜鲜明地表明我们坚持什么、反对什么，从而引导受众破除腐朽思想、去除错误信息，形成广泛的价值认同。

在新时代，面对意识形态斗争的新形势，习近平总书记指出："各种敌对势力一直妄图颠覆中国共产党领导和我国社会主义制度，他们选中意识形态领域作为一个突破口，目的就是要同我们争夺阵地、争夺人心、争夺群众，把人们思想搞乱，然后浑水摸鱼、乱中取胜，最终推翻中国共产党领导和中国社会主义制度。这是我国政权安全面临的现实危险。在意识形态领域斗争上，我们没有任何妥协、退让的余地，一刻也不能放松和削弱意识形态工作，否则就要犯不可挽回的历史性错误。"② 因此，思想政治教育传播者一定要增强阵地意识，对红色地带，要巩固和拓展，不断扩大其社会影响；对黑色地带，要勇于进入，不能左顾右盼，更不能退避三舍，而要敢于站在言论的风口浪尖进行斗争；对灰色地带，要大规模开展工作，

---

① 《十六大以来重要文献选编》（中），中央文献出版社，2006，第19页。
② 《坚定文化自信，建设社会主义文化强国——学习〈习近平关于社会主义文化建设论述摘编〉》，《人民日报》2017年10月16日，第7版。

加快使其转化为红色地带，防止其向黑色地带转变。总之，要做一名战士，以战斗的姿态、战士的担当，积极投身高校思想领域斗争一线，始终做到守土有责、守土负责、守土尽责。

三 渗透力

高校思想政治教育要实现有效传播，还必须具备渗透力，即要在润物无声之际提升理论的说服力，在潜移默化之间提升舆论的影响力，在熏习浸染之中增强信息的感染力，形成"成风化人、凝心聚力"的良好局面。因此，高校思想政治教育传播力还应表现为一种渗透力，即春风化雨润万物、成风化人育心田的力量。

(一) 以人为本，体现人文关怀

在新时代，信息自由流动，受众接收信息的渠道日益多元，大学生的主体性意识不断提升，兴趣爱好呈现多样化发展，以往以强势灌输方式进行的思想政治教育"硬"传播已经不能适应新的传播环境，而必须采取"软"手段，即"必须坚持以人为本，增强新闻报道的亲和力、吸引力、感染力"，"要坚持把实现好、维护好、发展好最广大人民的根本利益作为新闻宣传工作的出发点和落脚点，坚持贴近实际、贴近生活、贴近群众"。[①]

因此，高校在开展思想政治教育传播时，必须关注当代大学生的思想特点、思维方式、心理特征及其变化发展的趋势和规律，从大学生的根本需求、长远利益出发，挖掘思想政治教育信息的人文内涵，体现人的价值，帮助大学生成长；要从大学生普遍关心的社会疑难问题和迫切需要解答的思想政治问题入手，释疑解惑、调适心理、理顺情绪，将他们的思想统一到贯彻、执行党的路线、方针、政策上来，将社会主义核心价值观熔铸到他们的认知、情感、意志中去。

在高校思想政治教育传播活动中，只有贴近受众，使受众感受到思想

---

① 胡锦涛：《在人民日报社考察工作时的讲话》，《人民日报》2008 年 6 月 21 日，第 1 版。

政治教育传播的亲和力，才能使受众把思想政治教育传播视作自我提升的路径，形成价值认同；反之，简单粗暴的传播则会使受众产生逆反心理，使受众在内心对思想政治教育传播进行抵制。因此，思想政治教育传播中的人文关怀直接关乎思想政治教育传播力的形成与提升。但值得注意的是，贴近受众、依据受众需求进行传播，并不代表将这种需求的"满足"降格为对部分庸俗、低级趣味的"迎合"，而是要使信息富于启迪性。

（二）以情感人，讲求传播艺术

哲学家亚里士多德认为："当听众的情感被演说打动的时候，演说者可以利用听众的心理来产生说服的效力，因为我们在忧愁或愉快、友爱或憎恨的时候所下的判断是不同的。"因此，要想真正实现有效的思想政治教育传播，还必须诉诸情感，充分考虑受众的情感，注重在情感上与受众融为一体，形成牢不可破的固定关系。只有如此，才能赢得受众的支持与青睐，提升思想政治教育传播的渗透力。同时，思想政治教育传播的开展是以一定的社会意识形态为基础、以一定的话语形态为支撑的，是要将意识形态的深刻思想和理论通过一定的语言传递出去的，而不是对相关意识形态进行直接的理论宣传。正所谓"情者文之经，辞者理之纬"，我们也可以通过把握传播的话语形式、讲求传播的艺术性来增强渗透力。

当前，在思想政治教育传播过程中存在不同的话语体系，例如官方话语、民间话语，学术话语、生活话语，以及现实社会话语、虚拟网络话语等。那么，在开展思想政治教育传播时，要事先考虑我们的工作对象是什么人、他们习惯于什么样的话语体系，进而努力实现话语体系的准确对接。具体而言，青年大学生是高校的主体人群，是高校开展思想政治教育传播的主要对象。他们思维开阔、追求个性，如果只用官话套话进行传播，只会使传播活动缺灵气、缺底气、缺地气，难以使大学生信服。这就要求高校思想政治教育传播者适应时代和形势的变化，使高校宣传思想工作紧贴学生实际、创新话语体系、讲求传播的艺术性。江泽民曾明确提出："在坚持正确舆论导向的前提下，要讲求宣传艺术，提高引导水平，努力使自己的宣传报道更加贴近生活、贴近读者，使广大读者喜闻乐见。"① 习近平总书记也强调："正面宣传要用心用情做，让群众爱听爱看，不能搞假大空式的宣传，不能停留在不断重复喊空洞政治口号的套话上，不能用一个模式服务不同类型的受众，那样的宣传只会适得其反。"② 因此，我们既要在话题、语言风格等方面扣人心弦，使受众喜闻乐见，让受众在潜移默化中受到影响和引导，又要将理论性的内容形象化、故事化、情节化，不讲空洞无物的大道理，不做干巴巴的事实罗列，防止生硬化、程式化。唯有此，传播才能从僵化中挣脱出来，变成一个有生命有色彩的活物，才能将社会主义核心价值观不断延展、细化到大学生日常学习生活中，浸润到其深层意识里。

第二节　着力提升高校思想政治教育
传播力的主要路径

高校思想政治教育传播力的实现是思想政治教育传播过程中各个环节和要素通力合作的结果。只有整合多方面的力量，才能形成有效的传播力。任何一个环节的缺失或环节之间的断裂都会带来思想政治教育传播力的折损。因此，高校思想政治教育传播可以从协同高校思想政治教育传播的主体、提升思想政治教育主体的媒介素养、整合高校思想政治教育传播的信息、共建高校思想政治教育传播的平台、优化高校思想政治教育传播的模式等多方面着手。

一　协同高校思想政治教育传播的主体

毛泽东曾指出："世间一切事物中，人是第一个可宝贵的。在共产党领导下，只要有了人，什么人间奇迹也可以造出来。"③ 因此，提升高校思想

---

① 《十四大以来重要文献选编》（上），人民出版社，1996，第654页。
② 《习近平著作选读》第1卷，人民出版社，2023，第456—457页。
③ 《毛泽东选集》第4卷，人民出版社，1991，第1512页。

政治教育传播力，关键在人。

当前，在高校思想政治教育传播工作中，参与的组织和人员众多，涉及教学、科研、管理等各个领域，但各个主体间缺乏一定的协调配合和密切联动，存在"形连而神未连"局面，有的甚至还在"各自为战、单打独斗"。例如，在工作格局上，一些高校的党政部门、宣传部门、院系、学生工作部门的思想政治教育传播体系存在不同程度上的职能分割、资源分散，缺乏横向沟通和整合，难以形成纵向的聚合力，容易让思想政治教育传播工作陷入疲于应付的被动局面。再如，在思想认识上，有的思想政治教育传播者口头上重视，行动上不重视；有的任课教师将思想政治教育传播责任抛在脑后，错误地认为传播工作就是宣传部门的职责，以及思想政治教育工作就是马克思主义学院的思想政治理论课教师和学生工作部门行政人员的事，缺乏担当，责任意识淡薄。因此，必须积极调动高校各方面的传播力量，树立"大思政"思维，建立健全高校党委统一领导、党政工团齐抓共管、专兼职思政课教师主动作为、广大师生共同参与的工作机制，做到全员育人、全程育人、全方位育人，形成思想政治教育传播的最大合力。

首先，高校思想政治教育传播者要深刻认识到协同合作的重要性。协同是指构成系统的诸要素之间的协调和同步状态，标志着系统中子系统之间互相作用而产生的整体效应，是事物整体性、相关性的表现。因此，促进各要素之间的协调、协作能够形成拉动效应。高校思想政治教育传播工作，是一项战略工程、固本工程、铸魂工程、系统工程，事关党对高校的领导，事关全面贯彻党的教育方针，事关中国特色社会主义事业后继有人，必然要立足全局和长远统筹谋划、协调推进，形成协同效应。因此，高校思想政治教育传播主体要树立整体思维、协作意识、责任意识，跳出现有的"一亩三分地"的狭隘本位思想，以强烈的责任感和使命感将思想政治教育传播工作摆到重要的议事日程上来，把传播工作与本职工作以及其他工作有机结合起来，科学统筹政策理论宣传和思想政治教育等各项工作。

其次，要上下联动、协同合作，打好思想政治教育传播工作"组合拳"，奏响"交响乐"。高校党委、行政部门、教学单位的传播者都要全面行动起来，发挥各自优势，整合各种资源，调动各方面的积极性、主动性和创造性，整体联动、密切协作，形成全战线、多部门和多层次的整体传播力量，共同投入到思想政治教育传播的大格局中来。其中，高校党委要起牵头抓总、总揽全局的作用，对思想政治教育传播工作进行统筹、协调和指导，定期召集各相关部门人员参加会议，及时落实党和国家关于高校思想政治教育传播工作的决策部署和具体安排；思想政治理论课教师要发挥关键作用，积极在校园各种思潮的交锋中敏锐把握受众的思想动向，找准思想政治教育传播的切入点和着力点，不断增强传播的主动性，牢牢掌握话语权；同时，要发挥基层党组织的战斗堡垒作用，发挥党员的先锋模范作用，使思想政治教育传播力量深入科研平台、实践基地、学生公寓、社团组织，实现思想政治教育传播与师生学习、工作、生活的有机结合。

最后，建立高校党委、宣传部门、马克思主义学院、社会媒体等多方联动传播机制，协力统筹校内校外、课上课下、网上网下等各方面资源，积极探索和应用思想政治教育传播的新理论、新观点、新方法，不断促进角色协同、话语协同、方法协同，切实将思想政治教育传播工作做实、做透、做好、做到位，把"多条线"拧成"一股绳"，形成多战线密切协作的整体力量，从而全方位地提升思政引领力、传播力。

总之，高校思想政治教育传播的各个主体只有树立系统思维，善打"组合拳"，才能形成分工明确、合作有序的高校思想政治教育传播系统，才能形成各方力量支持参与、和谐共存的生动局面，才能将思想政治教育传播渗透到高校工作的各个环节和受众学习生活的方方面面，从而切实提升高校思想政治教育传播的吸引力、感染力和影响力。

二 提升思想政治教育主体的媒介素养

"素养"一词早期只是用来描述人们阅读书报杂志的识字能力高低，是人们在文化教育过程中所习得的对文字符号的处理能力。但在当今新媒体环境下，媒介素养已经不能仅限于简单的读写能力，还包括良好的传播表达能力以及大数据应用能力。因此，高校思想政治教育传播主体的媒介素养的提升可以从以下两个方面着手。

一方面，良好的传播表达能力。高校思想政治教育传播要想取得良好的效果，就必然需要传播者具备优秀的语言表达能力以及媒介沟通能力。首先是语言表达能力。语言是思维的外壳，是传播信息的主要工具。传播者在进行面对面讨论、谈话、做报告以及演讲的时候，应确保语言的逻辑严密和连贯清晰，使思想观点鲜明，有条有理；要把握语音的抑扬顿挫和轻重缓急，使情感表达贴切，褒贬明确；要增强语言的生动性和幽默感，使交流轻松愉快，谈笑风生。传播者只有使语言娓娓动听，才能使受众心悦诚服、心领神会。其次是媒介沟通能力。在新媒体时代，思想政治教育传播者要善于操作微博、微信、手机客户端等各种网络媒体，熟练掌握图片的修饰、视频的剪辑、数据图表的制作以及媒体的运营等技巧，并且积极运用鲜活生动有趣的网络语言符号进行舆论引导，增强网上信息的吸引力和感染力。

另一方面，娴熟的数据处理能力。随着社交网络、电子商务、移动通信得到了广泛应用，数据信息开始呈爆炸式增长，也逐渐变得像空气和水一样不可或缺；特别是当海量数据得到深度整合和分析时，处理后的数据能够为人们预见事物发展的方向和趋势提供便利。这无疑对当今高校思想政治教育传播者提出了分析处理数据的新素质要求。

首先，尽可能搜集全体数据。大数据不仅具有多样性而且具有多源性，仅有传统的结构化数据是不够的，还要包括网站日志数据，社交媒体中的文本数据、图片、视频等诸多半结构化数据和非结构化数据。只有可以用来分析的数据越全面，分析的结果才越接近于真实。因此，思想政治教育传播者要与数据资源丰富的部门、媒体和企业建立良好的合作关系，掌握海量的、多方面的数据。

其次，对海量数据进行择取和整理，保留有效数据，删除无效数据。大数据时代是一个海量数据有待处理的时代，又是一个海量无用信息需要删除的时代。面对浩瀚数据，思想政治教育传播者需要提升数据识别能力，对海量数据进行取舍，把有意义的留下来，把无意义的去掉。这就要求思想政治教育传播者善于对数据及其来源进行评价，形成良好的"信息资源观"和"信息价值观"。

再次，选用适当的数据计量方法或应用程序软件等对数据进行统计分析。在大数据环境下，思想政治教育传播的数据来源丰富、类型多样，而且数据量异常庞大。因此，良好计量分析方法或程序的选择是提升数据处理能力的关键，否则再多数据也仅仅是数字，无法转化为思想政治教育传播的有效资源。以 Hadoop 为例，其凭借可扩展性强、成本低、效率高、安全性好等特点而被广泛应用于教育数据的分类与归纳。因此，思想政治教育传播者要不断地提高自身信息素养，灵活运用方法或软件，从而对数据进行正确处理，挖掘出大数据潜在的思想政治教育价值。

最后，对得出的分析结果做出合理解释，并进行科学预测。在大数据时代，数据分析是关键，而数据分析结果的显示及预测直接关系到教育对象对分析结果的接受程度，影响思想政治教育传播的效果。这是因为如果正确的分析结果没有得到适当的显示和解释，则难以让教育对象信服。因此，在思想政治教育传播过程中，要学会运用可视化技术，这样能够用更生动形象的方式向教育对象展示分析结果。同时，要通过正确分析数据，找出事件之间的关联性，并对事件的发展走向及趋势进行预测，最终提升思想政治教育传播的效果。

三　整合高校思想政治教育传播的信息

提升高校思想政治教育传播力的另一个必要途径就是信息整合。整合，即聚合、结合、融合，是将两个或两个以上的要素构成一个整体系统，使系统内诸要素相互渗透、相互作用，并使之具有内在的协调性和一致性。整合不是简单组合和堆砌，而是有机渗透，是优势拓展。因此，没有信息整合，就没有传播力。高校思想政治教育传播信息的整合主要包括两个方面：一是思想政治教育内容要素的整合；二是思想政治教育数据信息的整合。

高校思想政治教育传播的内容要素十分广泛和丰富，涵盖了传统美德、公民道德、爱国主义、民主法治、社会主义核心价值观、人类命运共同体等多方面的内容。如果使之零散布局、凌乱堆积，则会影响思想政治教育信息传播的稳定性、秩序性和规律性。因此，我们首先要对这些内容进行有序组合，使之由低到高、由易到难排列，使之前后衔接、循序渐进，使之主次清晰、互补互融，从而形成和谐的布局。有学者指出，思想政治教育的内容主要包含四种基本形态，即心理情感形态、思想观念形态、精神品格形态、行为规范形态，这四种基本形态依次递进、环环相扣、相互转化。① 也有学者指出，思想政治教育内容可以形成包含基础性内容、主导性内容和拓展性内容三个不同层次的有机联系的内容体系，即要以传统美德教育、公民道德教育、爱国主义教育、艰苦奋斗精神教育为基础性内容；以思想理论教育、理想信念教育、民族精神与时代精神教育、荣辱观教育和形势政策教育为主导性内容；以诚实守信教育、公民意识教育、民主法治教育、创新精神教育、生命伦理教育、生态道德教育、国际意识教育为拓展性内容。② 高校思想政治教育信息内容的整合还要使先进性内容和广泛性内容相结合、政治性内容与生活性内容相融合、民族性内容与世界性内容相联系、科学性内容与人文性内容相匹配，从而实现整体优化、协调发展，发挥整体最大功能，实现整体最大效益。③

　　高校思想政治教育数据的整合是当前信息整合中更为紧迫的问题，也是难题。因为数据是组成信息的基本元素，是"从自然现象和社会现象中搜集的原始材料，根据数据使用者的目的按一定的形式加以处理，找出其中的联系，就成了信息"。④ 因此，数据是高校思想政治教育信息的重要来源，特别是在大数据浪潮下，人们在一定程度上实现了数据化生存，使许多过去无法测量、难以存储、无从分析、不便共享的东西都得以数据化，从而为高校思想政治教育信息的提取提供了便利；但是数据的纷繁复杂，

---

① 刘建军：《论思想政治教育内容的基本形态》，《思想理论教育导刊》2020 年第 9 期。
② 熊建生：《思想政治教育内容结构论》，中国社会科学出版社，2012，第 149、161、177 页。
③ 熊建生：《思想政治教育内容结构论》，中国社会科学出版社，2012，第 254 页。
④ 邵培仁：《传播学》（第三版），高等教育出版社，2015，第 158 页。

使目前高校思想政治教育传播存在思想政治教育数据匮乏且有效供给不足、思想政治教育数据杂乱且取用能力有限等难题。因此，对高校思想政治教育数据进行整合是十分有必要且紧急的。应该从以下几个方面着手。

（一）重视数据的搜集与获取，拓展数据资源的深度和广度

拥有海量数据是高校进行思想政治教育数据整合的前提。第一，坚持数据搜集的针对性，深度聚焦关键数据。这就要求思想政治教育传播者把握数据搜集的重点，提高数据收集的实效。一方面，应自觉主动搜集与受众学习生活紧密相关的真实详细的数据资料。人事档案记载的成长背景、慕课平台采集的学习数据、图书馆保存的借书记录、校园论坛上的讨论话题、一卡通留存的消费数据甚至是物联网感知的位置数据等都应该是思想政治教育传播者重点掌握的第一手数据。另一方面，鼓励教育对象进行"自我量化"，即利用可穿戴设备或应用软件对个人学习生活中的各项生理、心理指标进行实时测试和记录。这些个人数据的搜集不仅为传播者深度聚焦大学生个体思想行为数据提供了可靠依据，也有助于提升大学生的自我认知。列宁说过："我们应该按哪些标志来判断真实的个人的真实'思想和感情'呢？显然，这样的标志只能有一个，就是这些个人的活动。"① 高校思想政治教育传播者应积极搜集大学生网络生活的碎片化"痕迹"，这样可以更加深刻地了解、评估受众，从而提升传播力。

第二，坚持数据搜集的广泛性，拓宽数据获取渠道。这就要求思想政治教育传播者把握数据的关联性和规模度，丰富数据的来源，尽可能获取全面的数据，以完整拼凑出教育对象的网上信息图谱。一方面，搭建本学科的数据共享平台，畅通高校间思想政治教育数据被整合和利用的渠道。通过打造教学、科研、管理、服务一体化的数字空间，促进不同时空数据的共享互联，从而改善思想政治教育数据分散失落的现状，提升思想政治教育数据资源的丰富度。另一方面，依托政府与企业统一数据格式标准、

---

① 《列宁全集》第1卷，人民出版社，1984，第367页。

明确数据交易原则，相关行政部门要打破数据壁垒，逐步开放与思想政治教育相关的舆情、环境、消费、社交等方面的重要数据，方便传播者在政府数据门户、百度数据研究中心、移动数据研究中心等网站快捷获取相关数据，赋予传播者更广泛的数据获取渠道。值得注意的是，要搜集高校中每一个受众的全部数据是比较困难的，思想政治教育传播者只有树立大数据的关联思维，增强与各部门的通力合作，才能实现思想政治教育数据的随时、随地、随身获取，创造思想政治教育数据"无时不有、无处不在"的有利条件。

（二）加强人才的培养与引进，提升数据决策的精度和信度

高校思想政治教育传播过程中积累了海量异构多源、质量参差不齐的数据，如果对此缺乏深入的挖掘和精细的处理，只会埋没其巨大的价值。因此，高校应该积极培养和引进大批数据科学家，提升数据驾驭能力，为思想政治教育传播提供人才支撑和科学决策。

第一，用心培养精通数据分析的思想政治教育传播者，从而提升数据分析的精准度。在大数据环境下，应当给予思想政治教育传播队伍中熟悉统计分析与量化研究的人继续培训和出国深造的机会，提供政策、资金上的支持，使其熟练掌握机器学习、人工智能、模式识别等高级数据分析技术，并实际应用于思想政治教育数据的过滤、提纯和分析过程，从而促进数据管理与教育实践紧密结合，有效融合异构数据、剔除虚假数据，提升数据分析结果的精确性。同时，组建学科内的数据专家团队，针对思想政治教育专业的本科生和研究生开设"大数据技术与应用"相关课程，引导鼓励学生根据兴趣进行跨学科、跨院校的联合培养，以栽培出大批专业功底深厚、数据分析能力扎实的复合型思想政治教育传播人才，以满足对思想政治教育数据进行分析的迫切需求。

第二，积极引进数据科学家，增强数据决策的可信度。数据科学家被《哈佛商业评论》杂志誉为"21世纪最性感的职业"，因为他们善于运用科学的数学算法、先进的数据挖掘工具对数字符号、文字图片、语音视频等

数据进行综合与提取，具有敏锐的洞察力、高超的分析力和果敢的决策力，是经过专业学习和专门培训的高级数据人才，兼具网络编程师、软件开发师、数据规划师、数据可视化设计师等多种职能。因此，高校应当积极引进优秀的数据科学家，使数据得到深度挖掘和动态呈现，确保思想政治教育数据得到充分利用，从而为思想政治教育决策提供科学指导和专业建议。同时，与数据科学家展开合作，利用他们已掌握的数据、技术和成果开发专门针对思想政治教育传播特殊需求的软件与平台，实现资源整合、优势互补，不断增强思想政治教育传播的有效性和可信性。

第三，把握大数据使用的"时度效"，创建彼此信任的思想政治教育传播环境。"时"，即时机和形势，要求高校思想政治教育传播者在应用大数据技术时做到审时度势、冷静对待，既充分利用大数据辅助科学决策的良好时机，又积极应对大数据带来的伦理挑战，从而顺势而为、应势而动。"度"，即边界与程度，要求高校思想政治教育者在应用大数据时掌握分寸、适可而止，不仅明确数据搜集的范围，而且把握数据挖掘的深度，从而避免数据使用失度带来的信息滥用和隐私侵犯。"效"指作用和效果，要求高校思想政治教育传播者辩证看待大数据的成效，实事求是。清晰认识大数据的局限性，做到不乱贴标签、不乱扣帽子，谨防"精准预测"下的数据暴政。总之，只有把握好数据使用的"时""度""效"，才能在高校建立起可信、可控、可靠的良好环境，使高校思想政治教育传播健康有序开展。

四 共建高校思想政治教育传播的平台

高校思想政治教育传播力要依托一定的平台和媒介来实施和实现。如果媒介之间缺乏良好的互动和整合、各行其道，就会大大削弱思想政治教育传播的引导力和影响力；相反，如果实现媒介间的优势互补、融合发展，则会推动高校思想政治教育传播力的不断提升。

（一）强化阵地意识，发挥各类媒介的比较优势

高校是传播马克思主义科学真理的重要阵地，也是各种社会思潮和利

益诉求聚合的开放平台。如果我们不去占领，别人就会去占领；马克思主义思想不去占领，各种非马克思主义思想甚至反马克思主义思想就会去占领。因此，思想政治教育传播者必须不断增强阵地意识，积极主动有效地去运用、管理、建设传播思想政治教育信息的各种媒介，发挥不同媒介的比较优势，才能不断巩固壮大高校中的主流思想舆论，在大学生中起到思想引领、精神激励的良好作用。

一方面，要顺应社会信息化深入发展的趋势，积极推进智慧校园的建设，实现互联网对高校学生的全面覆盖、全程融入，同时积极布局新媒体平台，推动微博、微信以及其他思政类应用程序在高校思想政治教育传播中的广泛应用，并发挥其便捷及时、互动性强的优势加速思想政治教育信息在受众间的交互和交流，增强思想政治教育信息的影响力和渗透力。另一方面，要重视发挥高校期刊、高校广播、高校电视等传统媒体的独特优势。例如，报刊擅长解释信息，广播擅长告知信息，电视擅长展示信息。较新兴媒体而言，传统媒体拥有强大的内容生产力，能够投入相当多的时间和精力进行更充分的采访、调研，从而做出更全面、更深刻的跟踪报道、连续报道、专题报道，其在报道的深度、广度、高度方面是新兴媒体所不能比拟的。同时，传统媒体在长期的传播实践中凝聚了品牌资源，能够在信息的"采、编、发"上严格把关，具有较高的权威性和信任度。

总之，在新时代，高校既要积极打造示范性的思想政治教育资源网站、学生主题教育网站和虚拟交互社区，不断推进辅导员博客、思想政治理论课教师博客、校务微博、官方微信、校园微信公众号等网络新媒体建设，又要重视高校期刊、高校广播、高校电视等传统媒体的重要作用。要积极组织开展高校名师大讲堂，加强习近平新时代中国特色社会主义思想研究中心等重点基地建设，建设一批权威的马克思主义理论研究学术期刊，打造品质过硬、个性鲜明的高校广播和电视节目品牌，积极鼓励校内各媒体平台根据自身的建设定位、服务对象发展多元化风格，从而促进传统媒体与新兴媒体优势互补、齐头并进，形成全方位、多样化、立体式的传播媒介格局，不断为受众提供最及时、准确、全面的思想政治教育信息。

（二）推动媒体融合，实现新旧媒介的一体化发展

在新时代，媒介格局与舆论生态发生了重大变革，推动传统媒体与新兴媒体的融合发展已是大势所趋。2014年8月，中央全面深化改革领导小组第四次会议审议通过了《关于推动传统媒体和新兴媒体融合发展的指导意见》；2020年9月，中共中央办公厅、国务院办公厅印发了《关于加快推进媒体深度融合发展的意见》，专门对媒体融合发展作出了顶层设计和系统规划，也为高校媒体融合提供了政策指导和基本遵循。因此，高校思想政治教育传播必须顺势而为、应势而动，积极改变媒体间条块分割的离散状态，推动媒体在内容、技术、平台、渠道、管理上的深度融合，建立起以内容建设为根本、先进技术为支撑、创新管理为保障的全媒体传播体系。

首先，要遵循传播规律和媒体发展规律，强化互联网思维，坚持用户至上，不断提高对互联网规律的把握能力、对网络舆论的引导能力、对信息化发展的驾驭能力、对网络安全的保障能力。其次，要坚持一体化发展，推动传统媒体和新兴媒体从简单嫁接到融为一体、共荣共生。

具体来讲，一是在组织结构上，不仅要实现校党委宣传部对本校校报、广播台、电视台、新闻网、官方微博、官方微信等媒体的统一领导和管理，对媒体融合发展作出总体部署和详细规划，而且要建立校内媒体组织与校外媒体组织间的密切联系，积极加入国内校园媒体的组织协会，例如中国教育电视协会、中国高校传媒联盟、大学生传媒联盟等。

二是在队伍建设上，应该成立统一的新闻编辑部，将校报、广播台、电视台、新闻网、官方微博、官方微信等媒体的信息采编工作有效整合起来，实现对全部传播人员的统一管理。积极促进校内传播人员的素质提升，使其由过去单一的文字工作者、口头播报者或课程讲授者向具有复合能力的传媒人转型，实现一专多能。不仅要具备基础的交流沟通、书写编辑能力，还要熟练运用博客、微博、微信等新传播媒介，提升信息分析处理能力。

三是在舆论导向上，要集群发声，形成共振。高校媒体要通过创新融合，不断凸显其公信力，积极用社会主义核心价值观引领校园舆论。特别是在国家重大政策、社会热点疑点问题上，要始终坚持正确的舆论导向，及时整体发声，合力抵御错误舆论的冲击，凸显共振效应，占领信息传播制高点，奏响校园最强音。

四是在内容打造上，要通过融合发展，把传统媒体的内容原创、权威报道、深度解读、言论评论等优势向新兴媒体延伸，发挥舆论引领作用。要顺应新兴媒体微传播、快传播特点，以精准短小、鲜活快捷、吸引力强、形式多样的信息，在传播中抢得先机，覆盖多终端。要强化用户意识、明确目标用户、注重用户体验、完善服务手段，打通与用户连接的"最后一公里"，满足多样化、个性化信息需求，实现精准传播、有效传播。

总之，媒体融合不仅要充分发挥先进技术的支撑引领作用，而且要实现内容与技术的深度契合；不仅要"推动各种媒介资源、生产要素有效整合，推动信息内容、技术应用、平台终端、人才队伍共享融通"[①]，而且需要在互联网思维下重新建构一个包含技术子系统、用户子系统、产品与服务子系统以及融合媒体体制与机制子系统的融合媒体产业的生态系统[②]。只有这样，才能推动媒体融合发展走稳走快走好，不断巩固壮大思想政治教育传播阵地，为以中国式现代化全面推进强国建设、民族复兴伟业提供坚实的思想舆论支撑。

五　优化高校思想政治教育传播的模式

随着时代的发展，特别是互联网络的普及与运用，人们体验到了前所未有的开放性和交互性，思想政治教育传播者迫切需要对思想政治教育传播关系进行全新的构型，即由单向模式发展为互动模式（见图5-1）。正如美国学者马克·波斯特在《第二媒介时代》一书中所指出的：在以传单、

---

① 《习近平：坚持军报姓党坚持强军为本坚持创新为要　为实现中国梦强军梦提供思想舆论支持》，《人民日报》2015年12月27日，第1版。

② 胡正荣：《构建融合媒体产业的生态系统》，《人民日报》2015年10月11日，第5版。

书籍、报刊等媒介为主导的"第一媒介时代",信息的单向传播模式是其基本特征;而随着"信息'高速公路'的先期介入以及卫星技术与电视、电脑和电话的结合,一种替代模式将很有可能促成一种集制作者、销售者、消费者于一体的系统的产生。该系统将是对交往传播关系的一种全新构型,其中制作者、销售者和消费者这三个概念之间的界限将不再泾渭分明,大众媒介的第二个时代正跃入视野"。① 也就是说,在以互联网为主导的"第二媒介时代",受众的主动性和话语权已得到大力提升,每一个受众都可以把信息积极反馈给传播者,甚至成为新信息的生产者和发布者,互动传播模式已逐渐替代单向传播模式成为主导。

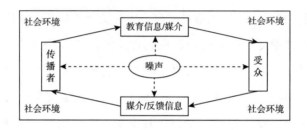

图 5-1　互动传播模式

"互动传播"是指"在共通的语义空间下,传者与受者通过双向渠道交换信息,根据对方传达的信息做出回应,在共同控制中完成传播活动的行为"。② 如图 5-1 所示,思想政治教育传播的互动模式不再是一种简单的"输出—输入"的直线关系,而是各要素间相互作用的循环过程,这凸显出思想政治教育传播的交互性和复杂性,是对传统的单向线性传播模式的优化。

首先,在构成要素上,不仅涵盖了思想政治教育传播者、受众、教育信息、媒介四大基本要素,更充分考虑到噪声、反馈信息、社会环境等要素在传播过程中的重要性,使之共同构成高校思想政治教育互动传播的有机整体。各要素之间相互联系、相互制约,任何要素的变化都将引起其他

---

① 〔美〕马克·波斯特:《第二媒介时代》,范静晔译,南京大学出版社,2000,第3—4页。
② 马为公、罗青:《新媒体传播》,中国传媒大学出版社,2011,第276页。

要素的联动反应，影响着传播的每一环节和具体效果。因此，思想政治教育互动传播需要各要素的协同配合以及效应的共同发挥。

其次，在传受关系上，由最初的传者中心发展到受者中心，实现了受众与传播者间的平等对话与交流，受众是思想政治教育传播的重要参与者，是传播者的服务对象，其思想道德素质的提升是传播活动的最终目的和归宿。这主要是因为在互联网环境下，受众可以通过多种渠道来获取思想政治教育信息，打破了传播者在思想政治教育信息资源上的垄断地位，具有了与传播者进行信息交互的主动权，其主体性在传播过程中不断得到确认。受众不再对思想政治教育信息进行不加理解的笼统接受，而是会根据自己的认识进行一定的鉴别、过滤和筛选。受众不仅可以决定接收信息的时间、内容和主题，而且可以反馈自我的态度和决定，也可以随时把自己的所见所闻和所思所想传递给传播者。对于传播者而言，受众的根本需要是其开展思想政治教育活动的出发点，受众的思想行为特征是其选择传播内容、媒介、方法的重要依据，体现"以人为本"的传播理念。因此，在互动传播模式下，如何使受众有效地把思想政治教育信息真正内化于心、外化于行才是根本。

最后，在传播过程上，互动模式的传播过程是一个循坏往复、吐故纳新的动态过程。这是互动模式与传统单向模式的最大区别。在互动模式中，传播者不仅能够充分地传达思想政治教育信息，而且可以根据受众的反馈，对传播环节进行适当调节和优化，并在此基础上开始下一阶段的思想政治教育传播。因此，互动传播的每一次循环并不是对思想政治教育信息的简单重复和等量交换，而是表现出传播信息的不断丰富以及传播资源的积极整合。同时，该模式更强调传受双方在传播过程中的思想沟通和情感交流，因为传播者与受众作为传播的共同参与者，只有在思想情感上实现积极的交流和互动，才能彼此理解、相互信任，并达成共识，从而为取得良好传播效果奠定坚实基础。此外，思想政治教育不是真空中的传播，其各个要素无一不受到多元环境的影响，时刻与外界环境进行着互动。

从总体上看，我国思想政治教育传播从传统的单向模式发展到互动模式是一个巨大的进步，克服了单向模式因缺乏反馈而具有的单调性和封闭性的弊端，受众的主动性和积极性得到了重视，双方的良性互动有利于思想政治教育传播中各个环节的紧密联系，能够使思想政治教育传播有条不紊地展开。

高校思想政治教育传播作为思想政治教育传播中的一种内在形态，既体现着思想政治教育传播的一般特征，又表现出自身纷繁复杂的特点。因此，必须对高校思想政治教育传播模式作进一步的建构和分析，才能使高校思想政治教育传播过程依照传播目标所规定的各项指标进行。

高校思想政治教育传播模式的建构，需要运用图形、线条等方式对高校思想政治教育传播的内在机制及外部联系作出一定的归纳和呈现。只有坚持一定的原则，才能使建构的传播模式科学反映传播事实。邵培仁在《传播学》一书中提出了优秀传播模式应具备的五个标准，即呈现性、整体性、超陈性、启发性以及实用性①，为建构高校思想政治教育传播模式的原则提供了良好借鉴。从总体上看，应至少遵循以下三大基本原则。第一，简明性。即简练和明白。这就要求在思想政治教育传播模式的建构中，既要运用文字、符号、图形等简易的方法对信息传播的过程进行简明扼要的直观呈现，避免烦琐冗余，又要使思想政治教育的具体传播过程表示得清晰明白，让人一目了然、心领神会，防止雾里看花、不可捉摸。第二，整体性。就是要求建构者从观照和审视的角度，全面展现思想政治教育传播活动的整个过程，使各个要素有机联系，形成密不可分的整体。正如丹尼斯·麦奎尔等所说："模式的引人之处在于能够'画'一些'线条'来表示我们已知确实存在但无法看到的联系，并能用其他的手段来显示关系的结构、局部解剖图、强度和方向。"② 因此，坚持整体性原则，能够有效避免孤立地、片面地观察思想政治教育过程。第三，可操作性。即要求建构的思想政治教育传播模式具有一定的实际效用，能够为高校所实际操作。因此，高校思想政治教育传播模式的建构，既要有针对性，符合高校思想政治教育传播的实际情况，绝不能是对其他现成模式的生搬硬套，又要体现有序性，能够使高校思想政治教育传播过程有条

---

① 邵培仁：《传播学》（第三版），高等教育出版社，2015，第76页。
② 〔英〕丹尼斯·麦奎尔、〔瑞典〕斯文·温德尔：《大众传播模式论》，祝建华译，上海译文出版社，1987，第4—5页。

不紊、循序渐进地展开。

秉承着简明性、整体性和可操作性原则,高校思想政治教育传播的具体模式如图 5-2 所示。

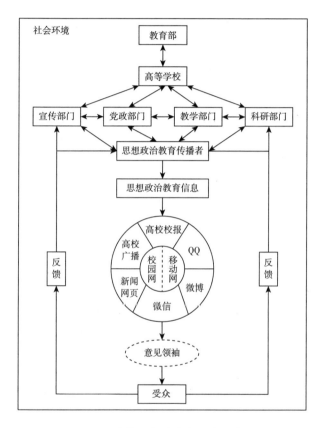

图 5-2 高校思想政治教育传播模式

据图 5-2 所示,高校思想政治教育传播模式有着鲜明的特点。

从要素构成上看,具体涵盖了高校中实施思想政治教育传播的多元主体、运用于传播的多样媒介以及思想政治教育信息、受众、反馈、社会环境等核心要素。其中,高校思想政治教育传播者主要来自校内宣传部门、党政部门、教学部门、科研部门;受众主要是大学生;思想政治教育信息既包括了党和政府、教育部门传递下来的原生态的政策理论,又包括经由思想政治理论课教师、辅导员、任课教师等转化的信息；高校校报、高校广播、微博、微信等思想政治教育传播的媒介经由网络联系在了一起；社会环境不仅指课堂环境、校园环境等微观环境，也指整个社会宏观环境。因此，该模式在要素的考虑上具有全面性，还体现出了要素的动态性，即既充分考虑了高校系统内部各要素间的复杂联系，又充分考虑了外部社会环境对校内传播系统的影响，是对高校思想政治教育传播过程的完整呈现。模式中各个要素间的相互联系、相互作用，不断推动着思想政治教育传播活动的有效开展。

从层次结构上看，高校思想政治教育传播是一个大的系统工程，是自我传播、人际传播、组织传播和大众传播的结合体，包含了多个传播层次。第一个层次是党和政府从战略和全局的高度进行传播活动的设计和规划，引领高校思想政治教育传播活动的开展。第二个层次是高校党委宣传部门根据党和政府下达的政策文件，组织校内的传播者进行文件精神的学习与领悟，并根据受众的思想行为状况，确定传播的信息重点，选择传播的合适途径和方法并组织传播开展。第三个层次是受众的自我传播，即受众自己对自己的信息交流，是人体内信息处理的过程。受众在接收思想政治教育信息之后，通过感觉、知觉、记忆、情绪来产生对思想政治教育信息的认知和认同，不断进行沉思默想、自我反省。高校思想政治教育传播的三个层次实际上是一个同心圆式的结构，以自我传播为核心依次向外展开。要想取得成功的传播效果，就要科学合理地处理好每一个层次。

对高校思想政治教育传播模式的建构，有助于清晰揭示传播要素的相互关系、各个环节的先后次序、传播过程的发展规律，能够将不易识别的要素及其联系挖掘出来，将抽象复杂的问题转化为可供操作的具体步骤，为传播者对传播过程进行积极主动干预和调控提供参考，推动高校思想政治教育传播活动始终沿着一条比较正确的轨道前进。但是，尽管我们对高校思想政治教育传播模式进行了积极探索，该模式仍具有不可避免的局限性，因为"任何模式不可避免地具有不完整、过分简单以及含有某些未被阐明的假设等缺陷。适用于一切目的和一切分析层次的模式无疑是不存在的"。① 因此，高校思想政治教育传播模式的建构要根据实际情况的发展不断进行补充和完善。

当然，在优化高校思想政治教育传播模式时，仅仅对其进行抽象的概括和静态的描述是不够的，更应该积极推动传播过程每一环节的顺利运行。具体而言，高校思想政治教育传播模式的优化要确保规划保障、组织实施、反馈评估、对外互动 4 个彼此衔接、相互贯通的环节协同发展。

（一）加强高校思想政治教育传播的规划保障

高校思想政治教育传播是党的宣传思想工作的重要组成部分，是由党和国家领导、教育部组织实施的一项战略工程和铸魂工程，肩负着传递党和国家意志、巩固马克思主义在意识形态领域指导地位的重任。因此，党和政府须始终从全局的高度，对高校思想政治教育传播工作进行顶层设计和高端引领，为其提供政策依据和制度保障，切实推进高校思想政治教育传播的顺利开展。

1. 政策依据

高校作为意识形态工作的前沿阵地，得到了党中央的高度重视，党中央为高校思想政治教育传播活动的开展提供了相关支持政策。早在 2005 年，中共中央、国务院颁布的《关于进一步加强和改进大学生思想政治教育的意见》对高校思想政治教育传播进行了总体规划。党的十八大以来，以习近平同志为核心的党中央又提出了一系列重要论断指导高校思想政治教育传播发展。例如，在 2013 年 8 月的全国宣传思想工作会议上，习近平总书记就指出："宣传思想部门承担着十分重要的职责，必须守土有责、守土负责、守土尽责。宣传思想部门工作要强起来，首先是领导干部要强起来，班子要强起来。"② 2013 年 12 月，第二十二次全国高校党的建设工作会议进

---

① 〔英〕丹尼斯·麦奎尔、〔瑞典〕斯文·温德尔：《大众传播模式论》，祝建华译，上海译文出版社，1987，第 4 页。

② 《习近平著作选读》第 1 卷，人民出版社，2023，第 150 页。

一步强调了新时期高校宣传思想工作的重要任务，即要以推进党的思想理论进教材进课堂进头脑为主线，坚持立德树人，坚定理想信念，巩固马克思主义在高校意识形态领域的指导地位，激励高校师生为实现中华民族伟大复兴的中国梦学习奋斗。此后，党中央、国务院印发了《关于进一步加强和改进新形势下高校宣传思想工作的意见》、《关于深化新时代学校思想政治理论课改革创新的若干意见》、《全面推进"大思政课"建设的工作方案》、《普通高等学校马克思主义学院建设标准（2023 年版）》以及《教育强国建设规划纲要（2024—2035 年）》等一系列重要文件，深刻阐述了事关高校思想政治教育传播工作长远发展的一系列重大理论和现实问题，为加强和改进高校思想政治教育传播提供了纲领性文献和行动指南。

2. 制度保障

"制度是对社会或对象系统的组织要素和整体发展起到章制规范、刚性规约作用的条理化、体系化和法度化的规则和标准。不论是宏观的社会系统还是微观的具体对象，制度都是维系、保障其稳定存在和健康发展的基础。"① 邓小平在谈到社会主义社会中制度建设的重要性时就指出，"最重要的是一个制度问题"，"制度是决定因素"。② 因此，改革开放以来，全党始终高举中国特色社会主义伟大旗帜，坚持中国特色社会主义发展道路，实现党的领导、人民当家作主、依法治国有机统一，不断完善人民代表大会制度、中国共产党领导的多党合作和政治协商制度、民族区域自治制度以及基层群众自治制度，积极推进社会主义制度的自我完善和发展。党的十九届四中全会通过的《中共中央关于坚持和完善中国特色社会主义制度、推进国家治理体系和治理能力现代化若干重大问题的决定》突出强调了坚持和完善支撑中国特色社会主义制度的根本制度、基本制度、重要制度，这为高校思想政治教育传播提供了根本的制度保障和方向指引。因此，高校要积极推进思想政治教育传播的依法依规管理，使高校始终成为学习研究传播马克思主义的坚强阵地；要不断完善思想政治教育传播的各项制度，

---

① 宇文利：《论我国当代思想政治教育的制度化建设》，《思想理论教育导刊》2011 年第 1 期。
② 《邓小平文选》第 2 卷，人民出版社，1994，第 308 页。

将其纳入依法治校和现代大学制度体系建设的总体进程，并增强自身运用法治思维和法律手段解决高校思想政治教育传播中矛盾和问题的能力；要加强对思想政治教育传播阵地的管理，建立健全长效工作机制。总之，要不断完善高校思想政治教育传播的各项制度，做到有据可依、有章可循，推动形成内容协调、配套完善、有效管用的长效管理机制，确保各项制度可执行、可监督、可检查、可问责。

3. 组织保障

高校思想政治教育传播内容广泛、涉及部门多，对政策性、理论性和时效性都有很高的要求。这就要求进一步强化党对高校思想政治教育传播组织的领导，调动各方面力量、密切协同配合，构建起高校思想政治教育传播的新格局、大格局，形成推动高校思想政治教育传播的强大合力。具体而言，高校要充分发挥党委的领导核心作用，坚持和完善党委领导下的校长负责制，党委书记、校长要旗帜鲜明地站在思想政治教育传播工作的第一线；不断强化二级单位党委在思想政治教育传播工作中的重要责任，使其更好发挥承上启下的作用；要积极推进服务型、学习型、创新型党组织建设，发挥基层党支部战斗堡垒和党员先锋模范作用；要加强高校工会、共青团等群众组织建设，统筹推进高校党政干部和共青团干部、思想政治理论课教师和哲学社会科学课教师、辅导员和心理咨询教师等思想政治教育传播工作骨干队伍建设，汇聚形成高校思想政治教育传播的强大合力。总之，学校党政宣传部门、职能部门、教学院系、科研单位要协同推进思想政治教育传播工作，积极将高校思想政治教育传播工作融入全国宣传思想工作的大局，主动加强与上级党委、主管部门以及社会媒体的联动。

总之，高校思想政治教育传播工作是党的教育事业的重要保证，事关中国特色社会主义事业后继有人的百年大计。必须不断加强总体规划，为其提供政策、制度和组织上的保障，这是高校思想政治教育传播工作开展的重要前提。

（二）推进高校思想政治教育传播的组织实施

高校思想政治教育传播的具体运行是在党委统一领导下，由党委宣传部门牵头协调、党政工团齐抓共管、相关部门和院系共同参与的。各个部门的传播者要遵循传播规律和教育规律，根据受众的思想行为特点进行思想政治教育信息的加工与传递，受众也会根据自身的需要对思想政治教育信息进行择取、理解与接受。这个过程主要包括了加工思想政治教育信息、传递思想政治教育信息和接受思想政治教育信息三个环节。

1. 思想政治教育信息的加工

思想政治教育信息的加工就是对相关信息进行分析比较、归纳整理，不断去伪存真、去粗取精，最终实现系统化、条理化、规范化、具体化、通俗化的过程。之所以这样做，一方面是因为思想政治教育信息具有抽象性，"它包含的是关于自然、社会和思维发展的普遍规律以及个人参与社会实践所必须遵循的道德规范等知识性内容。这些规律和规范是对现实生活和实践需要进行的高度概括和抽象"①，思想政治教育信息由一定的概念、原理和范畴组成。因此，需要传播者对抽象的思想政治教育信息进行深入浅出的科学解读，使之通俗易懂、与大学生受众的知识水平相适应。另一方面，思想政治教育信息具有时代性，不是一成不变的，在回应时代课题中不断进行理论创新和实践创新。因此，需要传播者深刻反思旧思想、旧理论，深入挖掘时代发展中的新思想和新观念，不断增强高校思想政治教育传播的生命力。

在这个过程中，高校宣传部门、党政部门、教学部门以及科研部门是进行思想政治教育信息加工的主体。马克思主义学院作为高校思想政治理论课的教学单位，又是进行马克思主义学理研究的科研机构，在信息加工上承担着重要的职责。其在进行信息加工时要特别把握以下两点。第一，要把握重点。思想政治教育信息内涵十分丰富，包括了理想信念、中国精

---

① 李颖：《基于哲学解释学视角的思想政治教育接受研究》，浙江大学出版社，2013，第163页。

神、爱国主义、民主法治等多个方面的内容，因而不能眉毛胡子一把抓，而要针对受众的个性特点、思想实际、知识水平和接受能力决定信息的轻、重、难、易、广、狭、深、浅。第二，要丰富形式。思想政治教育信息不能是抽象说教的空话、故作高深的玄话，而应该讲究语言的思想性和艺术性，通过图片、音频、视频、动画等多种形式增强其表现力和感染力，做到精辟独到、言之有物、言之有理。

因此，在高校思想政治教育传播过程中，传播者会站在自己的立场和价值判定角度选择审视思想政治教育信息的切入点，对思想政治教育信息进行过滤、筛选、制作和诠释。加拉格尔曾指出，"解释绝不是简单的重复、复制、再现、重建或者恢复被解释者的原意。解释产生新的意义"①。那么，传播者在进行这种主观诠释时产生的效果就可能是积极的，也可能是消极的。只有树立坚定的马克思主义信仰、拥有良好的思想政治道德素质的传播者才能加工出真实可靠、精辟独到，有思想、有味道、有温度的思想政治教育信息。

2. 思想政治教育信息的传递

在完成对思想政治教育信息的加工后，传播者就需要将加工好的信息传递给受众，这是高校思想政治教育传播模式运行中的关键环节，直接影响到思想政治教育传播效果的好坏，需要传播者在信息的传递中充分考虑传递的方式、手段、路径等诸多问题。

首先，选用丰富媒介。现代高校思想政治教育信息的传递不仅继续通过课堂讲授、专题讲座、报刊书籍等传统媒介对受众进行理论武装和价值凝聚，而且注重运用高校广播、高校电视、新闻网络、微博、微信、QQ、MOOC 等传播速度快、信息含量高、交流互动性强的现代传播媒介将蕴含思想政治教育信息的文字、图片、视频、音频、动画生动形象地传递给受众。对思想政治教育信息展开多渠道、多媒体、多平台的发布，能有效扩大思想政治教育信息的覆盖面，提升渗透度和影响力，有助于推动思想政治教

① 〔美〕肖恩·加拉格尔：《解释学与教育》，张光陆译，华东师范大学出版社，2009，第 105 页。

育信息嵌入大学生的认知框架、知识体系以及学习交往空间，使高校思想政治教育传播实现由高势位灌输向嵌入性表达的转变。

其次，进行议题设置。"在多数时间，媒介也许在告诉人们'怎么想'方面不大成功，但在告诉读者'想什么'方面却惊人地成功。由此可见，不同的人看到的世界是不同的，不仅是因为他们的个人兴趣，还因为他们所读报纸的作者、编辑和出版人为他们描绘的蓝图不同。"① 也就是说，传播者可以通过设置相关议题来有效地左右大学生关注的重点和谈论的对象，从而在校园内形成强大的舆论引导力。如果任由参差不齐、庸俗不堪的信息充斥在校园里，则容易消解主流价值观在校园的主导地位，使思想政治教育传播效果甚微。因此，高校思想政治教育传播者在传递信息时要精选议题，既着眼于大局，又贴近大学生实际；既抓住大学生的兴趣点和关注点，又解决他们思想上的难点、疑点，切实在传递信息、引导舆论、凝聚人心上发挥重要的作用。

最后，借力意见领袖。在高校中存在这样一股活跃的力量，他们对媒介传递的信息更加积极主动，有着比较强的信息认知力、判断力和分析力，能够通过对信息的加工、解释和扩散来左右他人，尤其是影响那些缺乏丰富知识储备和人生阅历的青年大学生的态度和决定，从而获得较高的社会威信，在校园内充当"意见领袖"。因此，在高校思想政治教育传播中存在"两级传播"，即思想政治教育信息有时并未简单地直接"流"向大学生，而是要经过"意见领袖"这一中间环节。但是，意见领袖并不是总产生正面积极的引导作用，而是具有"双刃剑"效应，也会产生消极负面的影响。

因此，要重视意见领袖在高校思想政治教育传播中的积极作用，着手培育各个学科、领域和部门的意见领袖，建立起一支优秀的意见领袖队伍，使之在热点、焦点事件中发声，在大学生迷惑时指点，引导校园主流舆论。有学者就具体指出，"高校可以着力培养党政干部、学识渊博的专家名师、与学生亲密联系的辅导员、政治可靠并在大学生群体中具有较高声望的大

① 张雷：《传播理论与大学生思想政治教育有效接受研究》，浙江大学出版社，2015，第119—120页。

学生，来承担'意见领袖'的角色，学校其他部门要紧密配合他们，及时向'意见领袖'提供有用信息，解决他们反馈的问题，提高大学生对'意见领袖'的信任度，这样才能更有效地发挥'意见领袖'的舆论引导功能，进而帮助大学生进行正确价值判断和选择"。[①] 此外，意见领袖要进入网络，成为网络评论员、网络舆情分析师、微博大 V，针对网上的谣言开展有针对性舆论斗争，发挥正面示范作用，保证思想政治教育信息在受众间顺利传播。

3. 思想政治教育信息的接受

"今天的受众已不再只是游走于不同媒介之间的读者、听众或观众，也不再是单纯的信息接受者"[②]，而是会主动参与到思想政治教育传播的过程中去，在知、情、信、意、行等多种因素的影响下，对思想政治教育信息进行取舍、判断和使用。因此，受众接受程度直接影响高校思想政治教育传播的实效性，如果缺乏接受这一环节，高校思想政治教育传播就无法继续开展。

张耀灿等指出："思想政治教育接受是指发生在思想政治教育领域内的接受活动，它反映了思想政治教育接受主客体之间的相互关系，是接受主体出于自身需要，在环境作用影响下通过某些中介对接受客体进行反映、选择、整合、内化、外化等的由多环节构成的连续的、完整的活动过程。"[③] 也就是说，受众在高校思想政治教育信息的传播过程中不是一块白板，而是在"前理解"的制约和引导下，对思想政治教育信息进行反映择取、整合内化、外化践行。

首先，信息的反映择取。这是指受众将传播者传递的信息在头脑中进行复制、再现，并运用一定的思维方式和思维方法，对进入认知领域内的各种思想政治教育信息进行价值判断，从而确立取舍的过程，主要包括了

---

① 任艳妮、叶金福：《大学生思想政治教育新媒体传播模式的构建与优化》，《西北工业大学学报》（社会科学版）2015 年第 9 期。
② 〔英〕丹尼斯·麦奎尔：《受众分析》，刘燕南译，中国人民大学出版社，2013，第 12 页。
③ 张耀灿、郑永廷：《现代思想政治教育学》，人民出版社，2001，第 135 页。

解读信息、确立标准、筛取信息这三个小环节。受众对教育信息的择取会随着自身的需求、认知结构的不同而有所不同：一般来说，会选择符合自己需要、与自身经验格局一致的内容，从而对此进行理解和内化；反之，教育信息会在受众产生思想矛盾运动后，或者被吸收，或者被拒斥，或者被质疑。因此，受众对信息的择取决定其接受的方向、进程和结果。

其次，信息的整合内化。这是指在思想政治教育信息接受过程中，受众把经过选择的新信息经过大脑的思维加工将其消化吸收并融入自己的思想意识之中，使其成为自身思想意识的一部分的过程。传播者传递的思想与受众的主体思想有异同，因而在整合内化的过程中会出现不同的状态和结果。当所传授的思想信息与受众固有的思想结构契合时，受众就会接受内化它，使之纳入自身的思想体系，从而使原有的思想体系得以丰富与提升；反之，受众就会进行自我调节与重构，形成与思想政治教育信息相适应的新的思想体系。思想政治教育接受过程中的整合和内化不是截然分开的过程，整合为内化准备了基础和条件，内化则是整合的进一步发展和结果。整合内化是思想政治教育接受过程中最为关键的环节，但不是最终的环节，因为内化的信息只有在实践得到检验后才能巩固和深化，才能真正转变为受众思想中具有稳定性的内部的东西。

最后，信息的外化践行。这是指受众能够将自身内化形成的思想自觉地转化为行为表现，并形成相应的行为习惯的过程。因此，传播者要激发与培养受众的正确行为动机，只有使受众将接受思想政治教育信息的动机变为实现自身成才或社会化等，才能有助于提升接受活动的强度，促使良好行为的发生和行为习惯的形成。通过外化践行，受众把理论与实践结合起来，实现知与行的统一，在实践中检验和巩固了所接受的信息，并使接受的层次从依从性接受、认同性接受到信仰性接受逐级上升，从而形成良好的思想道德素养。

在把握受众对思想政治教育信息的接受时，必须注意以下三点。

第一，受众的需要是思想政治教育信息接受活动发生和发展的根本驱动力。受众在思想政治教育传播过程中不是消极地、原封不动地接受信息，而是只有在接受信息符合自身的需要或兴趣时，才会以积极的态度思考、分析、选择信息，并主动调整、改造、丰富自身的认知图式，从而产生持久的、内在的接受动力。若传播者只是单纯强调外在强制作用、忽视受众的需要，则思想政治教育信息难以被受众真正认同、接受、内化，并转化为自觉的行动。因此，要想确保思想政治教育信息接受过程的良性运行，就必须对受众的需要有充分的认识与考察。

第二，思想政治教育信息接受过程是整合内化与外化践行的统一。从一般认识活动的角度来说，在受众通过内化将思想政治教育信息转变为自己的稳定的思想观念后，思想政治教育信息接受过程就结束了。但是，思想政治教育信息的接受不能仅仅停留在认知的水平上，更重要的是要将内在的正确的思想观念转化为外在的实践行为。因此，受众思想素质的提高与良好行为习惯的养成才是思想政治教育信息接受的最终结果，并且需要在内化与外化的多次反复中才能实现。

第三，思想政治教育信息接受过程是受众与传播者共同参与、双向互动的过程。思想政治教育信息接受过程并不是一个任由受众自主学习、自主建构的过程，而是需要传播者积极发挥引导与指导作用、及时根据信息接受情况进行传播活动调整的过程。因此，受众对信息的接受和传播者对信息的传递是相互依存、共同发展的。离开了其中任何一方，思想政治教育传播这一整体性的活动都将失去其应有的价值和意义。

（三）开展高校思想政治教育传播的反馈评估

思想政治教育信息在通过一定的方式被传递给受众后，是否收到了预期效果、收到的实际效果如何、有没有非预期效果的出现，这些问题都需要传播者根据受众的实际反馈来进行判定和评估。因此，反馈评估是思想政治教育传播运行中的重要环节。

根据反馈过程先后顺序不同，可以把高校思想政治教育传播的反馈分为前置反馈、中程反馈和后继反馈。第一，前置反馈是指高校思想政治教育传播者在传播活动开始前通过调查问卷、访谈、座谈等手段搜集有关大学生思想行为特征的全面信息，以事先了解大学生的基本情况。也就是说，前置反馈是"着眼于对系统的未来状态的预测，事先采取措施应付即将发生的情况，不是要纠正偏差，其优点在于它具有主动性，主要着眼点在于对未来的控制，因而是控制工作做在事先，即控制先于结果，其手段是通过控制影响因素而不是控制结果来实现其效果"。[①] 第二，中程反馈是指传播者在信息传播过程中通过监测系统或互动平台对受众反应、过程进展、环境变化等变量进行实时监测而获得反馈信息的过程。例如，思想政治教育传播者可以通过课堂提问直接获取反馈信息，或者通过观察受众的语言、表情间接获取，也可以通过微博、微信等新媒体与学生进行交流互动来获取他们在信息接受过程中的即时情况。第三，后继反馈是结束一次思想政治教育传播过程时的最后反馈，是在前置反馈和中程反馈基础上对整个传播过程进行的效果评估。

通过反馈评估，传播者能够知道传播过程中取得的成绩和存在的问题，从而进一步强化其中的有利因素、增强传播的信心、继续推动传播活动的开展，并且对不利因素进行调节修正，从而为下一轮传播活动指明方向、提供新的传播目标，形成信息循环往复的沟通过程。但是，"这种双向往返的关系并不是意味着简单重复和等量交换，也不是一种对等的同位关系"，[②]而是包含信息数量的增减和流量方向的改变。因此，高校思想政治教育传播要建立高效便捷的信息反馈机制，确保信息的上情下达、下情上传，实现渠道通畅。

（四）加强高校思想政治教育传播的对话交流

高校思想政治教育传播本身是一个复杂的系统，但相对于整个思想政治教育传播系统而言，又只是一个局部子系统，始终与社会大环境中的其他思想政治教育传播系统进行着能量上的交换互补和信息上的交流沟通。2015 年，中共中央办公厅、国务院办公厅印发的《关于进一步加强和改进

---

① 元林：《思想政治教育体系中的网络传播研究》，光明日报出版社，2011，第 164 页。
② 邹绍清：《当代思想政治教育方法论发展研究》，人民出版社，2013，第 205 页。

新形势下高校宣传思想工作的意见》指出，做好高校宣传思想工作，加强高校意识形态阵地建设，是一项战略工程、固本工程、铸魂工程；强调要将各部门齐抓共管、校内外协同配合、全社会支持参与作为加强和改进新形势下高校宣传思想工作的基本原则。这就为高校思想政治教育传播的对话交流提供了政策指导和基本遵循。因此，高校思想政治教育传播模式的运行不仅要充分考虑本系统内部各种因素构成的整体关系，更要充分考虑本系统与外部世界的复杂联系，自觉并正确地将局部与整体、内在结构与外在关系等有机结合起来。

第一，加强高校思想政治教育传播系统与其他传播系统的互动，形成高校、家庭、社会三位一体的思想政治教育传播系统。"高校思想政治教育在整个思想政治教育大系统当中是最重要和最主体的部分"[1]，但也离不开家庭思想政治教育传播系统和社会思想政治教育传播系统的相互支持。一方面，家庭是思想政治教育传播对象成长的第一空间，家长、家训、家风等都对受众的思想与行为起到启蒙奠基的作用。在良好家庭环境下成长起来的人，一般具有较好的思想政治道德素质，这有助于增强高校思想政治教育传播的效果。另一方面，社会作为家庭、学校以外的第三大思想政治教育传播的实践场所，具有极广的覆盖面和极强的渗透力，其对家庭、学校所传授的思想道德观念起着制约或强化作用。早在1921年，恽代英在《教育改造与社会改造》一文中就指出："教育家必须把改造教育与改造社会打成一片。"[2] 高校、家庭、社会虽然在思想政治教育传播手段、内容和方式上存在差异，但均在从不同的侧面影响相同的受众。如果三者各自为政、缺乏有效的沟通与互动，只会带来高校思想政治教育生态环境的紊乱以及思想政治教育传播力、引导力和影响力的削弱甚至是抵消。因此，只有把高校与家庭、社会等思想政治教育传播的各个子系统协调起来，形成循环互动体系，才能实现高校思想政治教育传播的良性发展。正如习近平总书记所强调的："要树立大宣传的工作理念，动员各条战线各个部门一起

---

① 杨增崇：《思想政治教育生态分析引论》，中国社会科学出版社，2015，第200页。

② 《恽代英文集》（上），人民出版社，1984，第293页。

来做，把宣传思想工作同各个领域的行政管理、行业管理、社会管理更加紧密地结合起来。"①

第二，实现高校思想政治教育传播的国际对话与交流。高校思想政治教育传播本质上就是一种传播社会主义主流意识形态、开展社会主义意识形态教育的实践活动，意识形态性是高校思想政治教育传播活动的根本属性。面对当前西方资本主义意识形态的渗透和侵入，面对错误思想言论的弥漫和扩散，高校思想政治教育传播者必须对其有正确的认识和判断，敢于用深刻透彻的理论进行坚决的回击与批判，更要在国际对话和交流中不断提升社会主义意识形态的认同度和影响力。习近平总书记曾多次强调，要"推进国际传播能力建设，讲好中国故事，展现真实、立体、全面的中国，提高国家文化软实力"②。因此，我们一方面要主动设置议题，用中国特色、中国风格、中国气派的学术话语体系阐释和解读中国实践、中国道路、中国理念，增强社会主义意识形态的凝聚力和吸引力，掌握舆论引导的主动权，改变有理说不出、说了传不开的被动境地；另一方面，要围绕世界发展的难题，着力提出体现中国智慧、中国价值、中国立场的理念、主张和方案，同时进行多边交往对话，"不仅要加强社会主义国家之间的交流，也要加强社会主义国家与资本主义国家之间的交流；从党派来讲，我们不仅要加强执政的共产党之间的交流，执政的共产党与非执政的共产党之间的交流，也要加强同各社会主义流派、左翼力量以及资产阶级政党的交流"③，努力争夺国际话语权，逐步改变"西强我弱"的国际舆论格局。例如，高校可以积极鼓励马克思主义学者外出讲学或作报告，从而提升社会主义意识形态的影响力；可以定期举办国际性大型学术会议或论坛，邀请各社会主义国家的执政党、非社会主义国家中赞同和支持马克思主义的专家学者参会，共同讨论和总结马克思主义发展的理论成就和经验教训。

① 《习近平：胸怀大局把握大势着眼大事 努力把宣传思想工作做得更好》，《人民日报》2013年8月21日，第1版。
② 《习近平谈治国理政》第3卷，外文出版社，2020，第35页。
③ 刘霞：《对话与传播：社会主义意识形态国际交流探视》，《中共四川省委党校学报》2012年第1期。

2015 年 10 月，北京大学举办了首届世界马克思主义大会，有来自五大洲 20 多个国家的 400 余位中外马克思主义研究学者参与，他们以"马克思主义与人类发展"为主题，围绕马克思主义的起源和发展、马克思主义文本研究及其编译、中国道路与中国话语体系、马克思主义与世界文明的未来走向、马克思主义与科学文化、马克思主义与经济全球化、马克思主义与人类命运共同体等进行了讨论，有助于世界了解中国马克思主义的研究状况、提升中国马克思主义研究的世界影响力、占据马克思主义理论研究制高点。总之，高校要不断创新对外传播方式，加强话语体系建设，旗帜鲜明地反映中国视角、表达中国观点、提出中国方案，深刻揭示中国智慧对世界的贡献，更好维护中国的国际形象和国家利益。

（五）发展高校思想政治教育传播的沉浸模式

在媒介技术的深刻影响下，高校思想政治教育传播模式已经实现了从单向传播到互动传播的飞跃。而随着移动互联网、物联网、泛在网等新一代信息技术的应用和智慧校园的建设，高校思想政治教育信息已实现无处不在、无时不有，一种新的传播模式——沉浸传播应运而生。

1. 沉浸传播模式的形成

"沉浸"一词最早是作为心理学的概念被提出的。1975 年，美国心理学家米哈里·契克森米哈赖（Mihaly Csikszentmihalyi）用"沉浸"（Flow）来表示人们在日常生活中全神贯注、过滤掉所有不相关的知觉，从而实现沉浸的状态。其最大的特征就是最大限度地专注与参与。而传播意义上的"沉浸"概念，最初主要运用在虚拟现实上，主要就是指感知系统的沉浸性。随后，关于沉浸的研究主要有沉浸视频、沉浸音频、沉浸多媒体网络传播以及沉浸传播系统等[1]，这为沉浸传播模式的提出奠定了理论基础。

当前，随着网络环境的日益完善，移动互联网、物联网技术的深入发展，微博、微信、客户端等新媒体的广泛应用，人们开始由"信息化"生

---

[1] 李沁：《沉浸传播：第三媒介时代的传播范式》，清华大学出版社，2013，第 14—21 页。

存向"后信息化"生存转变、由"本地化"生存向"泛在化"生存转变，穿梭于现实与虚拟世界之间。当"知识和信息散布在网络和周边环境的各个地方，呈现一种去中心化、开放化的'泛在知识环境'"时[①]，人们获取信息和接受信息的习惯在未来也将发生潜移默化的改变，联系成为一种需求，参与成为一种自然而然的生活方式。这时，沉浸传播就应运而生了。有学者就指出，"从微博、微信开始，Web 已经开始从 2.0 向 3.0 过渡。Web 3.0的技术特征是：万物感知——智慧控制；物质世界与人类社会的全方位信息交互，人与物质世界的连接。人与人的交往仅是信息交流的组成部分，而人与物质世界的交流将成为信息交流中非常丰富的一部分"。[②] 还有学者进一步指出，"随着交互式媒体的发展、移动媒体的出现，以及未来物联网的革新，我们将沉浸在一个媒体萦绕的环境下，新媒体技术越来越成为人们不可或缺的工具，一种新型的传播方式——虚拟遥在和沉浸式传播将随之到来"。[③] 因此，一种全新的思想政治教育传播模式——沉浸传播模式应运而生。

2. 沉浸传播模式的建构

所谓沉浸传播（Immersive Communication），"是以人为中心、以连接了所有媒介形态的人类大环境为媒介而实现的无时不有、无处不在、无所不能的传播。它所实现的理想传播效果是让人看不到、摸不到、觉不到的超越时空的泛在体验"。[④] 具体模式如图 5-3 所示。

沉浸传播作为思想政治教育传播的新兴模式，并不只是对单向线性传播模式的修正和对双向互动传播模式的完善，更建构了全新的思想政治教育传播理念。该模式主要呈现以下几个方面的特征。

第一，思想政治教育传播媒介的泛在。在沉浸传播中，网络将所有类型的思想政治教育媒介都连接起来，嵌入受众的日常学习生活，就像空气

---

① 李沁：《沉浸传播：第三媒介时代的传播范式》，清华大学出版社，2013，第 24 页。
② 陈力丹：《新媒体的发展趋势与悖论》，《人民日报》2015 年 10 月 11 日，第 5 版。
③ 熊澄宇：《对新媒体未来的思考》，《现代传播》2011 年第 12 期。
④ 李沁：《沉浸传播：第三媒介时代的传播范式》，清华大学出版社，2013，第 43 页。

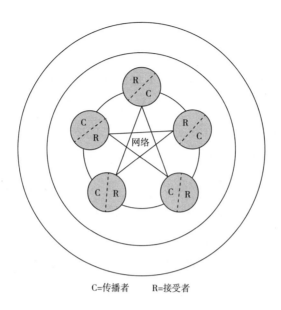

C=传播者　　　R=接受者

图 5-3　沉浸传播模式

一样包围着受众，营造出一个无处不在、无时不有的思想政治教育传播空间。同时，媒介之间的壁垒逐渐消融、界限日益模糊，报纸、广播、电视等思想政治教育的传统媒体纷纷借助互联网进行转型，并逐步实现媒介融合，发展成为具有强大承载力和整合力的复合型媒介。

　　第二，思想政治教育传者与受者合一。每一个传者与受者都是分布在互联网上的纽结。网络不仅有效实现了人与人之间的广泛互联，而且彻底打破了以往传播模式中传受双方显在或隐在的地位差别，使每个人都成为信息的拥有者、传播者和沟通者。因此，"沉浸传播所带来的变革，不仅是传统信息传播链的改变，也不仅是传统意义上'受众'概念的颠覆，而且是人与媒介的概念界定的全面重构。人，在沉浸传播中，不仅是被动的信息接收者，也是主动且被动的信息传播者，还可以是媒介本身，也是环境的一部分"。①

　　第三，思想政治教育信息"窄播"与"广播"并存。在沉浸传播中，

---

　　① 李沁：《沉浸传播：第三媒介时代的传播范式》，清华大学出版社，2013，第 143 页。

受众拥有了更大的自由选择权，能够根据自己的需要和兴趣进行引擎搜索、网上订阅、视频点播，使思想政治教育信息日益精确、细分。因此，信息的个性定制，打破了过去笼统的、不加区分的传播方式，实现了思想政治教育信息一对一的精准定位，使思想政治教育传播更具有专门性和针对性，更加贴近目标受众的需求。相对于过去的"广播"模式，它就是一种"窄播"，实现了从"人找信息"到"信息找人"的转变。同时，媒介的无处不在能够使思想政治教育信息瞬间得到"广播"，即信息可以被一个受众传给周围的其他受众，由一个圈层向另一个圈层辐射开去。有学者指出，人类信息圈包含由里到外的生活圈、接触圈、离逸圈三个圈层，圈层越外，人们获得的直接信息就越少、间接信息就越多。但是，每个圈层都弥漫着媒介传播的影踪。[①] 因此，在沉浸传播中，思想政治教育媒介始终散布在受众周围，使思想政治教育信息的"窄播"与"广播"实现并存与交替。

第四，思想政治教育传播的双重良效。沉浸传播实现了对过去传播模式的巨大变革，能够发挥出两种良效。一方面，在思想政治教育沉浸传播中，媒介无处不有、无时不在，推动思想政治教育传播活动"处处"发生、"时时"发生。受众浸润在思想政治教育信息圈中，其思想行为会在不知不觉中受到影响，具有潜移默化、润物无声的效果。另一方面，思想政治教育的沉浸式传播能够让受众在接受思想政治教育信息时具有沉浸感和愉悦感。思想政治教育信息不再是死板说教的生硬理论，而是被蕴含在个性化服务或娱乐性游戏里，既能满足受众的需求，又能使受众专注，让人感到享受并沉浸其中。总之，沉浸传播是一种打破了工作、生活和娱乐边界的传播，"人类的工作与娱乐空间成了一个无限延展的狂欢乐园，人在其中感到一种自然流畅的个性满足与愉悦的实现"。[②]

总之，沉浸传播模式是"深度融合过去、现在和未来的一切媒介形式，以人的完全沉浸状态为指向的传播方式"。[③] 它超越虚拟与现实的界限，使

---

① 庹继光：《中国当代传播理论体系分析》，四川大学出版社，2005，第40—42页。
② 李沁：《沉浸传播：第三媒介时代的传播范式》，清华大学出版社，2013，第65页。
③ 王嘉、张维佳：《论沉浸传播时代下的思想政治教育》，《教学与研究》2020年第1期。

传播无时无处不在；它以人为中心，在"感官共振"与"形象还原"两个层面为受众提供了一种"在场参与"的沉浸体验①。在新时代，高校思想政治教育传播模式从单向传播发展至互动传播，再到沉浸传播，是人们对思想政治教育传播的认识从单向、孤立、封闭走向多向、联系、开放的过程，实现了传播状态从"固态""液态"到"气态"的质的飞跃。但是，高校思想政治教育传播的三种模式并非毫无联系、截然分开的，而是紧密联系、同时存在的，在不同的环境条件下发挥着自己的作用。正如美国学者马克·波斯特所说，"阶段或时期并非彼此相继而是相互含（涵）盖，并非彼此置换而是相互补充，并非按顺序发生而是同时存在"。② 此外，思想政治教育传播模式的建构尽管能够为人们提供一种观察和分析复杂思想政治教育传播现象的简易方法，但它并非客体原型，因而不可避免地存在一些局限性。随着时代的发展，人们对高校思想政治教育传播模式的认识也将更加透彻和完善，需要思想政治教育者不断努力推进对模式的研究。

六 改进高校思想政治教育的教学方式

传统的"授—受"式的课堂教学模式存在很大的弊端，这也是我国高校思想政治教育课堂传播效果不佳的重要原因。因此，在新时代，要积极改进高校思想政治教育的教学方式，特别是大力推动基于 SPOC 的翻转课堂教学模式的发展，以不断提升高校思想政治教育的传播力。从总体上看，建构基于 SPOC 的翻转课堂教学模式可以从以下三个方面着手。

第一，树立正确的教育教学理念。教育教学理念在教学改革中起至关重要的作用，直接关系着教学模式改革的成效。在传统的思政教学中，"以教师为中心、以教室为中心、以教材为中心"的教学理念、组织模式以及课程呈现方式居于主导地位，不利于学生批判分析能力的形成以及开拓创新素质的提升；而 SPOC 的出现，完成了教与学的开放重组，强调"以学生

---

① 喻发胜、张玥：《沉浸式传播：感官共振、形象还原与在场参与》，《南昌大学学报》（人文社会科学版）2020 年第 2 期。

② 〔美〕马克·波斯特：《第二媒介时代》，范静哗译，南京大学出版社，2000，第 26 页。

为中心"，有助于"催发、唤醒学生的潜在力，促使学生从内部开始产生一种自动的力量"①。正如雅斯贝尔斯所指出的，"教育是人的灵魂的教育，而非理智知识和认识的堆积"。② 因此，面对 SPOC 的来袭，高校思政理论课教师不应采取观望、怀疑的态度或者带有否定、抵触的消极情绪，而应该以开放的态度、创新的勇气参与到 SPOC 的建设中来，积极转变角色，成为学生学习的设计者、组织者、对话者、促进者。同时，要注意到 SPOC 的局限性，不能将其绝对化、教条化，更不能指望 SPOC 能一下子解决思政课面临的所有问题，而要根据课程的实际需要加以运用。在当前教师课堂教学依然发挥重要作用时，高校思政理论课教师应采用线上、线下相结合的教学模式。

第二，积极投身 SPOC 的本土建设。尽管当前国外有一些优秀的 MOOC 资源，能够节省课程建设的人力和物力，但是这些课程的教学目标可能与我国的育人目标存在不一致的情况。所以，迫切需要优秀的教师依托深厚的专业理论水平和娴熟的网络信息技术自行开发建设优质的 SPOC 教学资源。首先，要根据课程重难点和学习兴趣点合理细化课程的知识点，确保逻辑清晰、结构合理、难易适中，便于学生通过自学理解掌握；其次，录制的视频应画面清晰、音质良好、长短适中，以 10 分左右为宜，利于增强学生学习的灵活性；再次，视频的内容应结构合理、生动形象、互动性强，能够激发学生的学习兴趣，使学生保持专注力；最后，要依据校情和学情设置教学情境，以更好地贴近学生实际和本校特色。总之，设计科学、制作精良的 SPOC 视频是翻转课堂实施的重要前提和保障。

第三，提升教师课堂组织能力。在翻转课堂教学模式的运行中，课堂是师生交流、思想升华的场所，因此需要教师具备较好的课程组织引导能力，教师在组织讨论、展开反思中促进学生成长成才，从而为高效课堂提供保障。一方面，教师要营造一个自由、活泼、和谐的课堂氛围，鼓励学生积极参与讨论，并确保每个人都有发表观点的机会；另一方面，教师要

① 吴艳：《大学课堂教学危机研究》，北京大学出版社，2014，第 166 页。
② 〔德〕雅斯贝尔斯：《什么是教育》，邹进译，生活·读书·新知三联书店，1991，第 4 页。

创设丰富的教学情境，采取多元交互的教学方式推动学生参与到对知识的探究建构过程中来，可以是"以问题研讨为主体的讨论式课堂"，也可以是"以活动任务为主线的探究式课堂"，还可以是"以反馈驱动的翻转课堂"，只要真正做到"以学生为中心"、与学生进行平等的沟通探究，就能使课堂真正成为思想碰撞、心灵交流的课堂，实现从单向度的问答式教学到开放性的对话式教学的转向。因此，我们对于翻转课堂教学模式的认知不能仅仅停留在上课流程的颠倒、微视频的制作上，更要重视翻转课堂背后所蕴藏的对话教育理念，避免模式应用的单一化和形式化。

总之，基于 SPOC 的翻转课堂教学模式既继承了大学课堂教育的优势，又突破了网络在线教育的局限，特别是 SPOC 中蕴藏着的丰富教学资源以及海量数据，能够满足不同学习者的多元需求和个性要求，有助于实现因材施教，从而提升高校思政课的实效性和针对性，提升高校思想政治教育传播的效果。

结　语

从传播学的角度对高校思想政治教育进行研究一直是思想政治教育领域的前沿热点问题。特别是在新时代，面对"两个大局"的交织激荡、传播格局的深刻变革以及思想政治教育学科的纵深发展，高校思想政治教育传播问题的研究就变得尤为重要了。因此，有必要借鉴传播学的相关理论和知识来实现思想政治教育理念上的突破、方法上的探索，积极推动高校思想政治教育的高质量发展。

本书关于高校思想政治教育传播问题的研究主要聚焦四个方面：一是高校思想政治教育传播的本质是什么；二是新时代高校思想政治教育传播发生了什么样的深刻变革；三是在变革中遭遇了什么样的现实困境；四是这些困境该如何实现突破。基于此，本书重点探讨了以下四个方面的内容。一是对高校思想政治教育传播的相关概念、基本要素及主要途径进行了深入分析。高校思想政治教育传播作为思想政治教育传播的特殊形式，专指高校内承担思想政治教育职责的传播者为了实现思想政治教育特定目的，运用校园传播媒介，将蕴含一定思想观念、政治观点、道德规范的信息传递给受众，并使之接受的过程，由此将高校思想政治教育传播与一般思想政治教育传播区分开来；在此基础上，进一步考察了高校思想政治教育传播的历程和经验，做到以史为鉴。二是重点探讨了新时代高校思想政治教育传播的深刻变革，主要是从传播过程中各个基本要素的转变以及课堂教学传播模式的转向这两个角度展开。三是对新时代高校思想政治教育传播变革中的现实困境进行了深入探讨，指出当前高校思想政治教育传播中尚存在把关疲软乏力、信息量质失衡、媒体融合不足、模式转型较难四个方面的难题。四是对症下药，提出高校思想政治教育传播力提升的具体策略，即要协同思想政治教育传播的主体、提升思想政治教育传播主体的媒介素养、整合高校思想政治教育的传播信息、共建高校思想政治教育的传播平台、优化高校思想政治教育的传播模式、改进高校思想政治教育传播的教学方式。通过上述研究，我们可以发现以下四点。

第一，高校思想政治教育传播不同于一般的传播，有着特定的传播主体、传播受众、传播信息以及传播媒介。具体来讲，高校思想政治教育传播的主体主要有两类：一类是作为组织的思想政治教育传播者，即开展传播活动的各级党团组织、行政机构、教学单位、学生团体等；另一类是个体层面的思想政治教育传播者，如领导干部、教师、辅导员等。在长期的发展和实践中，高校思想政治教育传播已经逐步建立起党委统一领导、党委宣传部门牵头协调、党政工团齐抓共管、相关部门和院系共同参与的传播组织体系，以及涵盖高校党政干部、共青团干部、思想政治理论课教师、专业课教师、辅导员、班主任以及心理咨询教师等的高校思想政治教育传播者。就传播受众来讲，与一般传播受众所具有的多、杂、散、匿等特点不同，高校思想政治教育传播受众呈现少、纯、合、显等特征，即人数较少、思想纯朴、人员聚集、身份显明，主要指向在校大学生。就传播信息而言，高校思想政治教育传播的信息具有强烈的阶级性、显著的科学性、鲜明的时代性以及相对的稳定性。就传播媒介而言，从早期的高校校报、高校广播、高校电视等传统媒体，到如今基于数字技术和网络技术的校园新闻网以及高校官方微博、微信公众号、客户端等新兴媒体，都是高校内开展思想政治教育传播的良好媒介。因此，高校思想政治教育传播具有特殊性，需要人们予以重视并进行长期的专门研究。

第二，高校思想政治教育传播在新时代发生的变革是十分深刻的。在高校思想政治教育传播过程中，传播者的角色逐渐由"传道者"向"引路人"转变，大学生受众身份也由"被动的受众"向"积极的用户"转型，思想政治教育的信息量实现了从"少量滞后"到"海量即时"的突破，校园传播媒介从"壁垒高筑"逐步走向"互联互通"。同时，SPOC 在我国高校内积极建设，这不断推动着高校思想政治教育课堂教学模式的改革，一种新的"课下预习—课上答疑"的"先学后导"的教学模式发展起来，这就是翻转课堂。它完全颠倒了传统的课堂授课顺序，采用线上、线下混合式教学，从而改变了传统教学中"授—受"的旧模式，是新时代对课堂教学传播新模式的积极探索。

第三，当前高校思想政治教育传播的变革不是一帆风顺的，而是面临重重挑战，例如由把关人权力弱化、把关人角色泛化、把关过程片面化导致的把关疲软乏力困境，由信息泛化、信息匮乏带来的信息量质失衡问题，由融媒理念模糊、管理体制欠缺、人才资源不足造成的媒体融合难题，由认识不足、能力不强带来的模式转型较难等。这些困境和难题，将直接影响高校思想政治教育传播的最终效果。

第四，获得高校思想政治教育传播的良好效果，是思想政治教育传播活动开展的最终目的，这依赖于传播力的提升。所谓传播力，就是有效传播的能力，一般体现为公信力、引导力和渗透力三个维度。而要具体提升高校思想政治教育的传播效果，可以从六个方面进行，即协同思想政治教育传播的主体、提升思想政治教育传播主体的媒介素养、整合高校思想政治教育的传播信息、共建高校思想政治教育的传播平台、优化高校思想政治教育的传播模式、改进高校思想政治教育传播的教学方式。

总之，本书是在"提出问题—分析问题—解决问题"的逻辑思路下展开对高校思想政治教育传播问题的研究。

参考文献

一 重要文献

（1）《马克思恩格斯全集》第 1 卷，人民出版社，1995。

（2）《马克思恩格斯全集》第 37 卷，人民出版社，1971。

（3）《马克思恩格斯选集》第 1 卷，人民出版社，1995。

（4）《马克思恩格斯选集》第 2 卷，人民出版社，1995。

（5）《马克思恩格斯选集》第 4 卷，人民出版社，1995。

（6）《马克思恩格斯文集》第 4 卷，人民出版社，2009。

（7）《列宁全集》第 1 卷，人民出版社，1984。

（8）《列宁全集》第 45 卷，人民出版社，1990。

（9）《列宁选集》第 1 卷，人民出版社，1995。

（10）《列宁选集》第 4 卷，人民出版社，1995。

（11）《毛泽东选集》第 2 卷，人民出版社，1991。

（12）《毛泽东选集》第 4 卷，人民出版社，1991。

（13）《毛泽东文集》第 3 卷，人民出版社，1996。

（14）《毛泽东文集》第 7 卷，人民出版社，1999。

（15）《毛泽东新闻工作文选》，新华出版社，1983。

（16）《邓小平文选》第 2 卷，人民出版社，1994。

（17）《邓小平文选》第 3 卷，人民出版社，1993。

（18）《江泽民文选》第 3 卷，人民出版社，2006。

（19）《习近平谈治国理政》第 1 卷，外文出版社，2018。

（20）《习近平谈治国理政》第 2 卷，外文出版社，2017。

（21）《习近平谈治国理政》第 3 卷，外文出版社，2020。

（22）《习近平谈治国理政》第 4 卷，外文出版社，2022。

（23）《习近平著作选读》第 1 卷，人民出版社，2023。

（24）《习近平著作选读》第 2 卷，人民出版社，2023。

（25）《习近平总书记教育重要论述讲义》，高等教育出版社，2020。

（26）《习近平关于全面深化改革论述摘编》，中央文献出版社，2014。

（27）《习近平关于全面建成小康社会论述摘编》，中央文献出版社，2016。

（28）《习近平新闻舆论思想要论》，新华出版社，2017。

（29）《习近平总书记系列重要讲话读本》，学习出版社、人民出版社，2016。

（30）《建国以来重要文献选编》第 7 册，中央文献出版社，1993。

（31）《十四大以来重要文献选编》（上），人民出版社，1996。

（32）《十六大以来重要文献选编》（中），中央文献出版社，2006。

（33）《恽代英文集》（上），人民出版社，1984。

二　著作

（1）冯刚、彭庆红、佘双好、白显良：《新时代高校思想政治教育学原理》，人民出版社，2022。

（2）《思想政治教育学原理》编写组编《思想政治教育学原理》（第二版），高等教育出版社，2018。

（3）张耀灿、陈万柏：《思想政治教育学原理》，高等教育出版社，2001。

（4）张耀灿、郑永廷、吴潜涛、骆郁廷：《现代思想政治教育学》，人民出版社，2006。

（5）郑永廷：《思想政治教育方法论》，高等教育出版社，1999。

（6）宇文利：《现代思想政治教育课程论》，北京大学出版社，2012。

（7）罗洪铁：《思想政治教育学专题研究》，西南师范大学出版社，1999。

（8）沈壮海：《思想政治教育有效性研究》，武汉大学出版社，2001。

（9）李辉：《现代思想政治教育环境研究》，广东人民出版社，2005。

（10）王学俭、刘强：《新媒体与高校思想政治教育》，人民出版社，2012。

（11）龚海泉：《高等学校思想政治教育史》，武汉出版社，1992。

（12）陈万柏：《思想政治教育载体论》，湖北人民出版社，2003。

（13）欧阳林：《思想政治教育传播学》，北京交通大学出版社，2005。

（14）张再兴：《网络思想政治教育研究》，经济科学出版社，2009。

（15）杨立英：《网络思想政治教育论》，人民出版社，2003。

（16）熊建生：《思想政治教育内容结构论》，中国社会科学出版社，2012。

（17）元林：《思想政治教育体系中的网络传播研究》，光明日报出版社，2011。

（18）沙莲香：《传播学：以人为主体的图像世界之谜》，中国人民大学出版社，1990。

（19）邹绍清：《当代思想政治教育方法论发展研究》，人民出版社，2013。

（20）杨增崇：《思想政治教育生态分析引论》，中国社会科学出版社，2015。

（21）王敏：《思想政治教育接受论》，湖北人民出版社，2003。

（22）燕连福：《大学生思想政治教育转换研究》，光明日报出版社，2013。

（23）艾四林：《MOOC与高校思想政治理论课教育教学创新》，北京大学出版社，2014。

（24）金林南：《思想政治教育学科范式的哲学沉思》，江苏人民出版社，2013。

（25）罗国杰：《中国传统道德（规范卷）》，中国人民大学出版社，1995。

（26）邵培仁：《传播学》（第三版），高等教育出版社，2015。

（27）熊澄宇：《新媒介与创新思维》，清华大学出版社，2001。

（28）望俊成：《网络信息生命周期规律研究》，科学技术文献出版社，2014。

（29）宫承波：《传播学纲要》，中国广播电视出版社，2007。

（30）宫承波：《媒介融合概论》，北京广播电视出版社，2011。

（31）谢新洲：《网络传播理论与实践》，北京大学出版社，2004。

（32）虞继光：《中国当代传播理论体系分析》，四川大学出版社，2005。

（33）李颖：《基于哲学解释学视角的思想政治教育接受研究》，浙江大学出版社，2013。

（34）魏国英、方延明：《中国高校校报史略》，北京大学出版社，2010。

（35）熊明安：《中国高等教育史》，重庆出版社，1983。

（36）徐沁：《媒介融合论：信息化时代的存续之道》，中国传媒大学出版社，2009。

（37）杨溟：《媒介融合导论》，北京大学出版社，2013。

（38）胡钦太、胡小勇：《信息时代的教育传播研究》，高等教育出版社，2013。

（39）胡钦太：《信息时代的教育传播：范式迁移与理论透析》，科学出版社，2009。

（40）南国农：《教育传播学》，高等教育出版社，2005。

（41）郭庆光：《传播学教程》，中国人民大学出版社，1999。

（42）李彬：《传播学引论》（增补版），新华出版社，2003。

（43）朱海松：《微博的碎片化传播：网络传播的蝴蝶效应与路径依赖》，广东经济出版社，2013。

（44）吴艳：《大学课堂教学危机研究》，北京大学出版社，2014。

（45）谢维和：《教育活动的社会学分析：一种教育社会学的研究》，教育科学出版社，2000。

（46）张雷：《传播理论与大学生思想政治教育有效接受研究》，浙江大学出版社，2015。

（47）冯宋彻：《多维视域的大众传媒》，中国传媒大学出版社，2009。

（48）吴伯凡：《孤独的狂欢：数字时代的交往》，中国人民大学出版社，1998。

（49）石磊：《新媒体概论》，中国传媒大学出版社，2009。

（50）李庆丰：《大学课程知识选择的实践逻辑研究》，北京师范大学出版社，2014。

（51）马为公、罗青：《新媒体传播》，中国传媒大学出版社，2011。

（52）曲士培：《中国大学教育发展史》，北京大学出版社，2006。

（53）李沁：《沉浸传播：第三媒介时代的传播范式》，清华大学出版社，2013。

（54）王爽：《新媒体时代大学生思想政治教育的挑战与创新》，中国言实出版社，2014。

（55）马为公、罗青：《新媒体传播》，中国传媒大学出版社，2011。

（56）杨继红：《新媒体生存》，清华大学出版社，2008。

（57）杨继红：《谁是新媒体》，清华大学出版社，2008。

（58）陆小华：《新媒体观：信息化生存时代的思维方式》，清华大学出版社，2008。

（59）李端生：《象牙塔内的信息流动：四大媒介在我国高校传播现状透析》，光明日报出版社，2008。

（60）李林英、郭丽萍：《新媒体环境下高校思想政治教育教学研究》，人民出版社，2005。

（61）〔美〕威尔伯·施拉姆：《大众传播媒介与社会发展》，金燕宁译，华夏出版社，1990。

（62）〔美〕J. 赫伯特·阿特休尔：《权力的媒介》，黄煜等译，华夏出版社，1989。

（63）〔美〕戴维·申克：《信息烟尘：在信息爆炸中求生存》，黄锫坚等译，江西教育出版社，2000。

（64）〔美〕菲利普·津多巴、迈克尔·利佩：《态度改变与社会影响》，邓羽等译，人民邮电出版社，2007。

（65）〔美〕凯斯·R. 桑斯坦：《信息乌托邦》，毕竞悦译，法律出版社，2008。

（66）〔美〕罗杰·菲德勒：《媒介形态变化：认识新媒介》，明安香译，华夏出版社，2000。

（67）〔美〕马克·波斯特：《第二媒介时代》，范静哗译，南京大学出版社，2000。

（68）〔美〕纳特·西尔弗：《信号与噪声》，胡晓姣、张新、朱辰辰译，中信出版社，2013。

（69）〔美〕尼古拉斯·尼葛洛庞帝：《数字化生存》，胡泳、范海燕等译，海南出版社，1997。

（70）〔美〕乔纳·唐纳森、埃利安·阿格拉：《大规模开放：慕课怎样改变了世界》，陈绍继译，华东师范大学出版社，2015。

（71）〔美〕乔纳森·哈伯：《慕课：人人可以上大学》，刘春园译，中国人民大学出版社，2015。

（72）〔美〕特劳特·瑞维金：《新定位》，李正栓、贾纪芳译，中国财政经济出版社，2002。

（73）〔美〕爱德华·S. 赫尔曼、诺姆·乔姆斯基：《制造共识（大众传媒的政治经济学）》，邵红松译，北京大学出版社，2011。

（74）〔美〕肖恩·加拉格尔：《解释学与教育》，张光陆译，华东师范大学出版社，2009。

（75）〔美〕萨尔曼·可汗：《翻转课堂的可汗学院：互联时代的教育革命》，刘婧译，浙江人民出版社，2014。

（76）〔美〕约书亚·梅罗维茨：《消失的地狱：电子媒介对社会行为的影响》，肖志军译，清华大学出版社，2002。

（77）〔美〕沃尔特·李普曼：《公众舆论》，阎克文译，上海人民出版社，2002。

（78）〔美〕唐·泰普斯科特：《数字化成长：网络时代的崛起》，陈晓天译，东北财经大学出版社，1999。

（79）〔美〕斯坦利·巴兰、丹尼斯·戴维斯：《大众传播理论》，曹书乐译，清华大学出版社，2004。

（80）〔美〕保罗·莱文森：《数字麦克卢汉》，何道宽译，社会科学文献出版社，2001。

（81）〔美〕迈克尔·阿普尔：《教育与权力》，曲囡囡译，华东师范大学出版社，2008。

（82）〔美〕迈克尔·阿普尔：《意识形态与课程》，黄忠敬译，华东师范大学出版社，2001。

（83）〔美〕拉塞尔·L. 阿克夫、丹尼尔·格林伯格：《翻转式学习：21 世纪学习的革命》，杨彩霞译，中国人民大学出版社，2014。

（84）〔英〕爱德华·霍列特·卡尔：《历史是什么？》，吴柱存译，商务印书馆，1981。

（85）〔英〕戴维·巴勒特：《媒介社会学》，赵伯英等译，社会科学文献出版社，1989。

（86）〔英〕丹尼斯·麦奎尔、〔瑞典〕斯文·温德尔：《大众传播模式论》，祝建华译，上海译文出版社，1987。

（87）〔英〕维克托·迈尔-舍恩伯格、〔英〕库克耶：《大数据时代：生活、工作与思维的大变革》，盛杨燕、周涛译，浙江人民出版社，2013。

（88）〔英〕维克托·迈尔-舍恩伯格：《删除》，袁杰译，浙江人民出版社，2013。

（89）〔英〕詹姆斯·卡伦：《媒体和权力》，史安斌译，清华大学出版社，2006。

（90）〔英〕洛克：《教育漫画》，傅任敢译，人民教育出版社，2001。

（91）〔法〕卢梭：《爱弥儿》，李平沤译，人民教育出版社，1984。

（92）〔德〕赫尔巴特：《普通教育学·教育学讲授纲要》，李其龙译，人民教育出版社，1989。

（93）〔加〕哈罗德·伊尼斯：《传播的偏向》，何道宽译，中国人民大学出版社，2003。

（94）〔日〕城田真琴：《大数据的冲击》，周自恒译，人民邮电出版社，2013。

（95）〔苏〕苏霍姆林斯基：《和青年校长的谈话》，赵玮等译，上海教育出版社，1983。

（96）〔捷〕夸美纽斯：《大教学论》，傅任敢译，人民教育出版社，1984。

（97）〔巴西〕保罗·费莱雷：《被压迫者教育学》，顾建新译，华东师范大学出版社，2001。

三　论文

（1）罗章龙：《回忆北京大学马克思学说研究会》，《新文学史料》1979 年第 3 期。

（2）张耀灿：《思想政治教育学科理论体系发展创新探析》，《学校党建与思想教育》2007 年第 5 期。

（3）邱柏生：《关注现代思想政治教育信息有效传播的策略问题》，《学校党建与思想教育》2018 年第 5 期。

（4）宇文利：《论我国当代思想政治教育的制度化建设》，《思想理论教育导刊》2011 年第 1 期。

（5）宇文利：《论思想政治教育学的交叉性》，《思想理论教育导刊》2009 年第 8 期。

（6）周琪：《思想政治教育四十年话语回溯与展望》，《湖南社会科学》2024 年第 3 期。

（7）周琪：《大众媒介与思想政治教育实践方式演进》，《思想理论教育导刊》2020 年第 7 期。

（8）叶方兴：《论思想政治教育学的综合性及其学科效应》，《思想教育研究》2021 年第 11 期。

（9）元林：《影响思想政治教育过程的传播性因素及对策》，《社会科学家》2010 年第 10 期。

（10）段海超、元林：《思想政治教育网络传播受众动机特征及对策分析》，《北京工业大学学报》（社会科学版）2010 年第 2 期。

（11）端学红、元林：《论思想政治教育网络传播"把关"的特殊意义与对策》，《北京交通大学学报》（社会科学版）2010 年第 2 期。

（12）段海超、元林、王刚：《论思想政治教育与传播的融合——对思想政治教育学科发展的一点思考》，《北京交通大学学报》（社会科学版）2007 年第 4 期。

（13）杨增崃：《思想政治教育学科交叉研究的历史回溯》，《学术论坛》2020 年第 5 期。

（14）陈力丹、林羽丰：《继承与创新：研读斯图亚特·霍尔代表作〈编码/解码〉》，《新闻与传播研究》2014 年第 8 期。

（15）邵培仁、李梁：《媒介即意识形态——论法兰克福学派的媒介控制思想》，《浙江大学学报》（人文社会科学版）2001 年第 1 期。

（16）李梁：《浅析思想政治教育信息传播及其模式》，《上海大学学报》（社会科学版）2003 年第 2 期。

（17）鲁杰、边卫军：《思想政治教育传播学：领域、内容与方法》，《教学与研究》2016 年第 6 期。

（18）孙其昂：《思想政治教育学科再定位与建设对策》，《思想教育研究》2013 年第 12 期。

（19）岳金霞：《网络议程设置与思想政治教育虚拟环境优化》，《中国青年政治学院学报》2009 年第 4 期。

（20）岳金霞：《论思想政治教育信息的传播过程及模式》，《石油大学学报》（社会科学版）2003 年第 6 期。

（21）熊澄宇：《对新媒体未来的思考》，《现代传播》2011 年第 12 期。

（22）张丽芳、曹秀芬、李岳：《"把关人"理论视角下的高校思想政治教育者的职业素养》，《河北农业大学学报》（农林教育版）2012 年第 4 期。

（23）黄金艳、付治淋：《互联网时代"把关"在思想政治教育信息传播过程中的解构与重塑》，《山西高等学校社会科学学报》2023 年第 9 期。

（24）李彦峰、盖小丽：《"议程设置理论"在思想政治教育中的应用》，《中国成人教育》2010 年第 12 期。

（25）曹杰：《新时代大学生网络思想政治教育议程设置创新研究》，《思想理论教育导刊》2020 年第 6 期。

（26）王芸婷：《新时代传播媒介变革视野中的思想政治教育创新》，《文化软实力》2024 年第 2 期。

（27）李洪岩、钟宏程：《媒介深度融合境遇下思想政治教育有效传播的实践路径》，《吉林教育》2024 年第 5 期。

（28）富旭、侯劭勋：《大学生思想政治教育媒介化建构论析——基于对"00 后"大学生思想政治教育新问题的探讨》，《思想理论教育》2019 年第 3 期。

（29）管笑笑：《思想政治教育媒介生态的内涵、生成与优化研究》，《现代教育科学》2024 年第 1 期。

（30）张北坪、崔靖坤：《传播媒介对思想政治教育的价值分析》，《教学与研究》2015 年第 12 期。

（31）陈圣军：《思想政治教育话语表达研究的出场、回溯与前瞻》，《西南石油大学学报》（社会科学版）2025 年第 1 期。

（32）梁明伟：《数智时代网络思想政治教育话语权提升探析》，《思想教育研究》2025 年第 2 期。

（33）张新奎、侯远宝：《数智时代高校思想政治教育的话语境遇与调适》，《中国大学教学》2025 年第 Z1 期。

（34）马忠：《思想政治教育话语环境的时代变迁研究》，《思想教育研究》2024 年第 9 期。

（35）刘雷、马华芳：《论思想政治教育传播过程及模式》，《广西社会科学》2008 年第 5 期。

（36）张晓波：《影响思想政治教育传播效果的因素分析》，《广西师范大学学报》（哲学社会科学版）2001 年第 1 期。

（37）黄世虎：《思想政治教育信息传播的过程分析》，《理论与改革》2008 年第 4 期。

（38）王贤卿：《基于传播学"5W"模式的现代德育考量》，《大连理工大学学报》（社会科学版）2014 年第 4 期。

（39）李洁、何沙：《论思想政治教育信息传播的模式及特征》，《石油教育》2011 年第 3 期。

（40）廖灵丹、刘爱莲：《习近平系列重要讲话对新时期思想政治教育传播的三维启示》，《思想政治教育研究》2017 年第 4 期。

（41）周艺璇、王长恒：《信息碎片化传播对高校网络思想政治教育的挑战及对策》，《学校党建与思想教育》2018 年第 9 期。

（42）黄冬霞：《场景化传播驱动思想政治教育创新的时代价值和实践策略》，《思想理论教育》2022 年第 11 期。

（43）黄寅申、朱忆天：《沉浸传播时代思想政治教育的发展变革与价值澄明》，《思想理论教育》2021 年第 4 期。

（44）易涤非：《通识教育、媒体责任与美国意识形态建设——从两份哈钦斯报告说起》，《红旗文稿》2014 年第 14 期。

（45）孙炳炎：《清醒认识西方意识形态渗透的"四化"新态势》，《理论探索》2020 年第 6 期。

（46）郭明飞、程玉璐：《西方意识形态网络渗透的现实情势与应对策略》，《长江论坛》2023 年第 2 期。

（47）阚道远、郭蓬元：《论新时期西方意识形态渗透的新路径》，《世界社会主义研究》2020 年第 10 期。

（48）王玉鹏：《媒介帝国主义与资本主义意识形态话语权批判》，《马克思主义研究》2020 年第 5 期。

（49）王嘉、张维佳：《论沉浸传播时代下的思想政治教育》，《教学与研究》2020 年第 1 期。

（50）喻发胜、张玥：《沉浸式传播：感官共振、形象还原与在场参与》，《南昌大学学报》（人文社会科学版）2020 年第 2 期。

（51）冯琳、倪国良：《基于生成式人工智能的思想政治教育数字化转型》，《思想教育研究》2024 年第 2 期。

四　外文文献

（1）Howard Gardner, Katie Davis, *The App Generation: How Today's Youth Navigate Identity, Intimacy, and Imagination in a Digital World,* New Haven and London: Yale University Press, 2013.

（2）Hartley, John, *Communication, Cultural and Media Studies: The Key Concepts,* London: Routlege, 2002.

（3）Turkle, Sherry, *Life on the Screen: Identity in the Age of Internet,* London: Weidenfeid and Nicolson, 1994.

（4）Kellner, Douglas, *Media Culture,* London and New York: Routledge, 1995.

（5）Reheingold, Howard, *The Virtual Community: Finding Connection in a Computerized World,* London: Secker and Warburg, 1994.

（6）Hague, Barry N. and Brian D. Loader, *Digital Democracy: Discourse and Decision Making in the Information Age,* London and New York: Routledge, 1999.

图书在版编目（CIP）数据

新时代高校思想政治教育传播研究 / 刘辉著.
北京：社会科学文献出版社，2025.8. -- ISBN 978-7
-5228-5754-1

Ⅰ.G641
中国国家版本馆 CIP 数据核字第 2025HY8428 号

新时代高校思想政治教育传播研究

著　　者 / 刘　辉

出 版 人 / 冀祥德
组稿编辑 / 曹义恒
责任编辑 / 朱　月
责任印制 / 岳　阳

出　　版 / 社会科学文献出版社·马克思主义分社（010）59367126
　　　　　地址：北京市北三环中路甲 29 号院华龙大厦　邮编：100029
　　　　　网址：www.ssap.com.cn
发　　行 / 社会科学文献出版社（010）59367028
印　　装 / 三河市尚艺印装有限公司

规　　格 / 开　本：787mm×1092mm　1/16
　　　　　印　张：13.25　字　数：201 千字
版　　次 / 2025 年 8 月第 1 版　2025 年 8 月第 1 次印刷
书　　号 / ISBN 978-7-5228-5754-1
定　　价 / 89.00 元

读者服务电话：4008918866